STEFANO CATELLANI

L'art. 5 della Legge 30 aprile 1962, n. 283

Casi pratici in Cassazione
Edizione 2017

PROPRIETÀ LETTERARIA RISERVATA

copyright: © 2017 di Stefano Catellani
Tutti i diritti riservati

ISBN: 978-1-326-92336-5

INDICE

Introduzione 5
L'art. 5 è ancora in vigore?* 6
ACQUA 10
Acqua nel Condimento a base di aceto 10
Acqua non potabile negli alimenti 12
ANALISI 18
Analisi ed aliquote 18
Analisi di revisione 30
Analisi di revisione dopo la data di scadenza 38
Analisi non ripetibili 39
ANISAKIS 47
AUTOCONTROLLO 53
CATTIVO STATO DI CONSERVAZIONE 62
Condizioni igieniche precarie 62
Surgelamento 64
Congelamento 67
Esposizione del prodotto 71
Trasporto in cattivo stato di conservazione 73
CONFEZIONE. PRODOTTO CONFEZIONATO 76
Confezione originale 76
Confezione originale. Condizioni constatabili
dall'esterno 77
DATA DI SCADENZA 82
Commercio dopo il superamento della data
indicata in confezione 82

IMPORTAZIONE 84
Importatore 84
LEGALE RAPPRESENTANTE 89
Strutture autonome 89
MICROORGANISMI 95
Cariche microbiche superiori ai limiti 95
INSUDICIATO 98
Insudiciato o infestato da parassiti. Esposizione agenti atmosferici. Molluschi 98
Insetti 100
MOMENTO CONSUMAZIONE DEL REATO 102
Sostanze di qualità inferiore 102
Ritiro del prodotto dal mercato 105
ORGANISMI GENETICAMENTE MODIFICATI • OGM .. 107
Etichettatura prodotto OGM 107
Etichettatura alimento OGM e frode in commercio ... 118

Introduzione

L'ordinamento non può prevedere con norme generali ed astratte tutte le possibili applicazioni concrete, perciò la tendenza del legislatore è quella di moltiplicare le fattispecie astratte. In materia di diritto degli alimenti le norme hanno raggiunto una vastità incalcolabile.

L'Unione europea, inoltre, ha provveduto ad un'emissione continua di norme transnazionali regolanti l'igiene ed il controllo degli alimenti d'ogni genere, con la giustificazione di uniformare i vari stati membri, ma, molto spesso, contribuendo ad aumentare il numero delle regole da interpretare e, soprattutto, seguendo i dictat di gruppi di pressione economici che volevano regolamentazioni di tipo corporativo.

La legge 30 aprile 1962, n. 283 in argomento ha resistito 50 anni nell'ordinamento, senza essere scalfita da riforme o da interventi della Corte Costituzionale.

In particolare il reato di cui all'art. 5 ha costituito un pilastro ineliminabile del controllo degli alimenti di ogni origine.

Questo lavoro riporta casi affrontati dalla Cassazione che possono essere utili a chi opera nel settore, proprio per la loro applicabilità generale.

Prima di procedere nell'analisi dei suddetti casi, occorre ricordare che nel corso dell'anno 2005 il legislatore ha iniziato una vasta opera di delegificazione o, meglio, di semplificazione della legislazione che ha seriamente minato la Legge in oggetto. L'argomento merita attenzione ed è utile affrontarlo, anche se in modo del tutto marginale, in questo lavoro.

L'art. 5 è ancora in vigore?*

Il tema sul quale si è aperta un'accesa discussione ha avuto ad oggetto l'allarmante abrogazione o meno delle fattispecie penali previste e sanzionate dagli artt. 5 e 6 della Legge 30 aprile 1962, n. 283, a seguito del cd. meccanismo *"taglia leggi"* disciplinato dalla Legge n. 246/2005 e dai successivi Decreti Legislativi n. 179, 212 e 213 del 2010.

Si impone per una maggiore comprensione un breve escursus normativo:

il 16.12.2005 entrava in vigore la Legge n. 246/2005 recante *"Semplificazione e riassetto normativo per l'anno 2005"*, con la quale il Parlamento conferiva al Governo la delega ad individuare nel termine di 24 mesi a decorrere dall'entrata in vigore della legge – termine successivamente prorogato con la L. n. 69/2009 al 16.12.2010 - le disposizioni legislative statali pubblicate anteriormente al 1.01.1970 e delle quali si riteneva indispensabile la permanenza in vigore. Il Governo, quindi, provvedeva a tale onere con 3 decreti legislativi e precisamente il D.Lgs. n. 179/2009 recante *"Disposizioni legislative statali anteriori al 1 gennaio 1970 di cui si ritiene indispensabile la permanenza in vigore a norma dell'art. 14 della legge 28.11.2005 n. 246"*; il D.Lgs. n. 212/2010 recante *"Abrogazione di disposizioni legislative statali a norma dell'articolo 14 comma 14 quater della legge 28 novembre 2005 n. 246"* e D.Lgs n. 213/2010 recante *"Modifiche ed integrazioni al decreto legislativo 1.12.2009 n. 179 recante disposizioni legislative statali anteriori al 1 gennaio 1970 di cui si ritiene indispensabile la permanenza in vigore"*.

Medio tempore interveniva anche la L. n. 69/2009 che modificava l'art. 14 della L. n. 246/2005 con l'introduzione, tra l'altro, del comma 14 ter che recita:<<...*fatto salvo quanto stabilito dal comma 17 (disposizioni dei codici civile, penale, di procedura e della navigazione), decorso un anno dalla scadenza del termine di cui al comma 14 ovvero dal maggior termine previsto dall'ultimo periodo del comma 22, tutte le disposizioni legislative statali non comprese nei decreti legislativi di cui al comma 14 anche se modificate con provvedimenti successivi, sono abrogate...*>>.

Sulla scorta di questo combinato normativo, si registra un primo intervento giurisprudenziale il 25.02.2010 quando la 3^ sezione penale della Corte di Cassazione con la sentenza n. 12572 affermava *incidenter tantum* che <<*...per effetto di quanto dispone il comma 14 ter della L. n. 246/2005 introdotto dalla L. n. 69/2009 e tenuto conto della data di entrata in vigore della legge n. 246/2005, si deve necessariamente concludere [...] che il termine di un anno ivi indicato scada nel dicembre 2010 e che, pertanto, ad oggi nessun effetto abrogativo possa ritenersi comunque verificato rispetto alla L. n. 283/1962...*>>, lasciando quindi, intendere la futura abrogazione della L. n. 283/1962, essendo essa anteriore al 1.01.1970 e non ricompresa nei decreti legislativi di cui al comma 14 della L. 246/2005.

Sulla scorta dell'autorevole posizione assunta dall'Ufficio Massimario della Corte di Cassazione, si registra un *revirement* della medesima 3^ sezione che, chiamata ad affrontare in via principale il tema *de quo* e richiamando la sentenza n. 12572/2010 afferma espressamente:<<*...ritiene questa Corte melius re perpensa di giungere a conclusioni diametralmente opposte...*>> [Cassazione sez. 3^ 19.01.2011 n. 9276]. Il mutamento di indirizzo a dire della Corte di legittimità, è reso necessario da una lettura testuale e sistematica delle norme vigenti ed in particolare si fonda su due argomentazioni.

In primo luogo, la Corte afferma che l'abrogazione è esclusa espressamente dall'art. 14 comma 17 lett. a) poiché la L. n. 283/1962 reca nel suo incipit l'espressione *"Modifica del Testo Unico delle leggi sanitarie..."* ed in secondo luogo visto che la L. n. 441/1963, intervenuta ad integrazione e modifica della L. n. 283/1962 è stata espressamente inclusa tra le norme la cui permanenza in vigore è ritenuta indispensabile (D.Lgs. n. 179/2009 allegato 1 n. 1891) <<*...è segno che il legislatore non aveva alcuna intenzione di abrogare la legge madre verosimilmente attesa la sua importanza generale e le conseguenze che ne sarebbero derivate sul piano della tutela generale della salute. In altri termini non avrebbe avuto alcun senso su un piano squisitamente logico, da un lato escludere espressamente dall'abrogazione la L. n. 441 del 1963 modificativa della L. n. 283 del 1962 e dall'altro non includere quest'ultima tra la leggi sopravvissute...*>> [Cassazione sez. 3^ 19.01.2011 n. 9276].

Questo in sintesi è lo stato dell'arte giurisprudenziale nella materia.

Le argomentazioni poste a fondamento della sentenza n. 9276/2011 non convincono ed è proprio il dato testuale e la volontà del legislatore che inducono ad una soluzione di senso opposto. È difficile poter aderire alle motivazioni espresse dalla Corte di Cassazione, pur riconoscendo l'autorevole sforzo interpretativo volto ad evitare una grave falla nell'ordinamento.

Infatti, una lettura logico giuridica dell'art. 14 comma 17 della L. n. 246/2005 non può che indurre a ritenere che laddove si legge che restano in ogni caso in vigore <<*...le disposizioni contenute nel codice civile, nel codice penale, nel codice di procedura civile, nel codice di procedura penale, nel codice della navigazione, comprese le disposizioni preliminari e di attuazione ed in ogni altro testo normativo che rechi nell'epigrafe l'indicazione codice ovvero testo unico...*>> il legislatore intendesse salvare i provvedimenti denominati "CODICE" e "TESTO UNICO" e non qualsiasi provvedimento contenente a qualsivoglia titolo tali termini.

A voler ragionare diversamente, non si comprenderebbe il motivo per cui il legislatore ha espressamente salvato ad esempio la L. n. 234/1940 recante "*Delega al Governo per la pubblicazione del testo unico dei provvedimenti legislativi sull'ordinamento della regia guardia di finanza*" ed ancora la L. n. 45/1957 recante "*estensione ai lettori di lingua e letteratura italiana presso istituti superiori esteri di alcuni benefici previsti dall'art. 98 del testo unico delle leggi sull'istruzione superiore*" ed ancora la L. n. 663/1964 recante "*modificazioni alle norme per l'elezione dei consigli comunali di cui al testo unico approvato con decreto del presidente della repubblica 16 maggio 1960 n. 570 ed alle norme per l'elezione dei consigli provinciali di cui alle leggi 8 marzo1951 n. 122 e 10 settembre 1960 n. 962*". Se l'art. 14 comma 17 lett. a) era volto ad evitare l'abrogazione di tutte le disposizioni normative recanti *sic et simpliciter* i termini "codice" o "testo unico" non sarebbe stato necessario salvare espressamente le leggi su citate. Se queste norme sono state "salvate" è perché l'art. 14 comma 17 lett. a) era finalizzato ad evitare l'abrogazione di tutti i corpi normativi che nel nostro ordinamento vengono identificati e denominati "codice" e "testo unico".

Ciò detto, la Legge n. 283 del 1962 non può essere qualificata come Testo unico; all'epoca della sua entrata in vigore interveniva abrogando 5 articoli del T.U. delle Leggi Sanitarie e introduceva una nuova *"disciplina igienica della produzione e della vendita delle sostanze alimentari"* (*"Modifica degli articoli 242, 243, 247, 250 e 262 del "Testo unico delle Leggi Sanitarie"*). Pertanto, non essendo la legge in oggetto ricompresa nell'elenco delle norme da salvare deve ritenersi abrogata, sebbene probabilmente per una mera svista del legislatore.

La tesi della Cassazione che sostiene la permanenza della norma nell'ordinamento sul dato letterale normativo, non considera, nella sua rilevanza, l'art.20 della stessa Legge 283/62, che abroga gli articoli *242, 243, 247, 250 e 262* del vecchio Testo unico, proprio per il motivo che in realtà non modifica quella raccolta di norme sanitarie, ma, appunto, detta una nuova disciplina a sé stante in piena autonomia rispetto al Testo unico fino ad allora in vigore.

È chiaro ed evidente che sul *piano "squisitamente logico, da un lato escludere espressamente dall'abrogazione la L. n. 441 del 1963 modificativa della L. n. 283 del 1962 e dall'altro non includere quest'ultima tra la leggi sopravvissute...>>* [Cassazione sez. 3^ 19.01.2011 n. 9276], non ha alcun senso, ma purtroppo, quello che conta è il risultato ottenuto con l'entrata in vigore del nuovo assetto normativo, conseguente al riordino che il legislatore ha posto in essere: in pratica ed in conclusione, occorre accettare che per convenzione, dettata dalla Cassazione, la norma in oggetto debba ritenersi ancora in vigore.[1]

---

[1] * Si veda: S. CATELLANI, *Il reato sulla disciplina igienica degli alimenti è abrogato?* In Diritto Penale e Processo, 10/2011, pagg. 1263 e ss. Si ringrazia la dott.ssa Manuela Mulas.

ACQUA

Acqua nel Condimento a base di aceto

Non integra il reato di cui all'art. 5, lettera a), della legge 30 aprile 1962, n. 283 l'aggiunta di acqua in condimento a base di aceto di vino superiore ai limiti stabiliti dall'art. 22 della legge 20 febbraio 2006, n. 82.

I limiti stabiliti dall'art. 22 della legge 20 febbraio 2006, n. 82 sono riferibili solo all'aceto e non a sostanze alimentari diverse, come i condimenti alimentari a base di aceto.

L'art. 22 della legge 20 febbraio 2006, n. 82 consente, nella preparazione degli aceti, l'aggiunta di acqua (purché' la stessa sia effettuata soltanto negli acetifici), la decolorazione con il carbone per uso enologico e l'aggiunta di caramello negli aceti diversi da quello di vino.

Con ordinanza del 23 aprile 2012 il Tribunale, decidendo su istanza di riesame di decreto di sequestro preventivo emesso dal gip, avente ad oggetto prodotto denominato "semilavorato per condimento a base di aceto di vino", annullava il suddetto sequestro. Il procedimento riguradava i reati di cui alla L. n. 283 del 1962, art. 5, lett. a) e artt. 56, 515 e 516 c.p..

Il sequestro era stato disposto considerando il prodotto ottenuto con un annacquamento superiore ai limiti tecnologici.

Il Tribunale rilevava che il prodotto non era aceto, bensì contenente aceto.

Lo stesso giudicante richiamava della L. n. 82 del 2006, art. 16, che definisce l'aceto, e l'art. 22, che stabilisce che nella preparazione dell'aceto può aggiungersi acqua, purché ciò avvenga negli acetifici, concludendo per l'inesistenza nella normativa di limiti all'annacquamento.

Contro l'ordinanza ha presentato ricorso la Procura della Repubblica presso il Tribunale, sulla base di un unico motivo di violazione di legge.

Afferma il ricorrente che il Tribunale "ha omesso di leggere la L. 20 febbraio 2006, n. 82, art. 17, che disciplina la produzione dell'aceto. Tale articolo definisce l'aceto di vino, mentre l'articolo 16, invocato dal giudice, fa riferimento ad una diversa tipologia di aceto, come pure l'art. 22. Dal rapporto di prova effettuato dal laboratorio dell'Istituto agrario di xxxx emerge che i valori sono "annacquati" perché il prodotto proviene dall'acetificazione non del vino, bensì di altre sostanze alimentari (uve passite o mosto concentrato): il valore dell'acqua pertanto è superiore a quello che si sarebbe rinvenuto nel prodotto se questo fosse stato effettivamente un semilavorato a base di aceto di vino.

Il ricorso della Procura è stato dichiarato infondato.

In realtà, il Tribunale non ha pretermesso l'art. 17, come nel ricorso si sostiene, ma anzi ne ha richiamato puntualmente il comma 2, che prevede negli acetifici e nei depositi di aceto la possibilità di detenzione, produzione e imbottigliamento, tra gli altri, di prodotti alimentari idonei al consumo umano diretto nei quali l'aceto è presente come ingrediente, già da questo deducendo l'assenza del fumus, "atteso che la P.G. ha rinvenuto presso lo stabilimento del ricorrente un prodotto contenente aceto e non denominato aceto".In effetti, il ricorso presentato dalla Procura si fonda sulla definizione dell'aceto di vino, rispetto alla quale, a suo dire, vi sarebbe una violazione dei valori di annacquamento: anche qualora si potesse prescindere dalla non identificazione da parte del ricorrente della normativa che disporrebbe tali limiti - che infatti allo stato non sussiste, come già evidenziava l'ordinanza impugnata interpretando l'art. 22 L. n. 82 del 2006, <u>il fatto che si tratti di semilavorato e non di aceto è sufficiente per escludere la violazione di legge prospettata nel ricorso, eventuali limiti potendosi configurare per l'aceto in sè, ma non un semilavorato che, pur essendo a base di aceto, non è definibile tale, e pertanto è logicamente consentito ad esso un contenuto diverso rispetto a quello dell'aceto.</u>

Sez. 3, Sentenza n. 10575 del 2013, in www.cortedicassazione.it

Il riferimento legislativo in materia di aceto, cioè la citata Legge 20 febbraio 2006, n. 82, determina esclusivamente quel prodotto alimentare. Non può essere esteso il suo ambito di applicazione ad alimenti lavorati che lo contengano.

Acqua non potabile negli alimenti

Integra il reato di cui all'art. 5, comma primo, lett. d), della L. 30 aprile 1962, n. 283, ove non siano ipotizzabili reati più gravi, l'utilizzo di acqua non potabile nella preparazione di prodotti alimentari, anche se la nozione di non potabilità dell'acqua non coincide necessariamente con quella di nocività dell'acqua.

L'imputato propone ricorso per cassazione avverso la sentenza con la quale il tribunale lo condannava alla pena dell'ammenda per il reato di cui alla L. n. 283 del 1962, art. 5, lett. d) e art. 6.

L'imputato aveva riempito con acqua non potabile (destinata ad uso industriale e dunque non adatta al consumo umano), prelevata da un bocchettone presente in detta stazione FS, due taniche in plastica e poi le aveva riposte all'interno dei suoi distributori, adibiti a contenere ed erogare acqua per la preparazione delle bevande calde. Inoltre, non aveva provveduto ad effettuare una corretta pulizia delle taniche stesse, perciò distribuiva per il consumo, o deteneva per la vendita, bevande con consistenti cariche microbiche o, comunque, nocive.

Il tribunale rilevava come dalle analisi ARPAL era emersa la presenza di inquinamento batteriologico nell'acqua prelevata dalle taniche di entrambi i distributori automatici e che, viceversa, non si era evidenziata la presenza di inquinamento batteriologico nell'acqua erogata dal bocchettone, sito sotto il livello del marciapiede, dal quale era stata, appunto, prelevata l'acqua per il riempimento delle taniche. Evidenziava altresì che lo stato di conservazione delle taniche non era ottimale, essendo emerso che quest'ultime non erano state sottoposte a disinfezioni periodiche. Riteneva, pertanto, non raggiunta la prova della riconducibilità delle cariche microbiche riscontrate all'acqua prelevata dal bocchettone.

Per contro riteneva innegabile il carattere nocivo dell'acqua utilizzata per il rifornimento dei distributori, in quanto proveniente da rete destinata ad uso industriale e non al consumo umano e, come tale, non sottoposta ai controlli previsti da D.Lgs. n. 31 del 2001.

Il ricorso è fondato.

Il tribunale, pur partendo dalla corretta premessa che la disposizione di cui all'art. 5 lettera d), postula la prova della nocività dell'acqua utilizzata, finisce poi, in realtà, per incentrarsi unicamente sull'aspetto del mancato accertamento della potabilità dell'acqua medesima, sottolineando l'esistenza di un pericolo astratto derivante dall'utilizzazione di essa per fini alimentari senza i controlli prescritti dal D.Lgs. n. 31 del 2001. Al riguardo, infatti, per un verso il tribunale ha ritenuto non decisivo il risultato negativo circa la contaminazione, in esito al prelievo operato per stabilire la potabilità dell'acqua. Per altro verso, citando la nota dell'ASL n. 1 dell'8 agosto 2007, ha rilevato che per definire l'acqua idonea al consumo umano e concedere l'utilizzo della stessa ai fini potabili, l'ASL deve valutare un insieme di fattori che vanno dalle caratteristiche acquifere di attingimento al sistema di presa, di trasporto e di distribuzione nonché al sistema di trattamento, ecc; che qualsiasi operatore alimentare deve utilizzare per la preparazione degli alimenti acqua potabile e che l'approvvigionamento di acqua d'uso alimentare da un punto di prelievo ubicato lungo il cordolo di un binario ferroviario esposto ad agenti esterni e non sottoposti alle previste azioni di pulizia e disinfezione richieste per tutte le attrezzature utilizzate nella preparazione degli alimenti può esporre l'acqua stessa a contaminazione con l'ambiente esterno. In questo modo, tuttavia, il tribunale omette di confrontarsi adeguatamente proprio con le disposizioni del D.Lgs. 2 febbraio 2001, n. 31 (Attuazione della direttiva 98/83/CE relativa alla qualità delle acque destinate al consumo umano), come modificato dal D.Lgs. 2 febbraio 2002 n. 27, menzionato. Lo stesso puntualizza all'art. 1, infatti, che:

Ai fini del presente decreto, si intende per: a) "acque destinate al consumo umano":

1) le acque trattate o non trattate, destinate ad uso potabile, per la preparazione di cibi e bevande, o per altri usi domestici, a prescindere dalla loro origine, siano esse fornite tramite una rete di distribuzione, mediante cisterne, in bottiglie o in contenitori;

2) *le acque utilizzate in un'impresa alimentare per la fabbricazione, il trattamento, la conservazione o l'immissione sul mercato di prodotti o di sostanze destinate al consumo umano, escluse quelle, individuate ai sensi dell'art. 11, comma 1, lett. e), la cui qualità non può avere conseguenze sulla salubrità del prodotto alimentare finale.*

All'art. 4. (Obblighi generali) prevede, inoltre, che:

1. *Le acque destinate al consumo umano devono essere salubri e pulite.*

2. *Al fine di cui al comma 1, le acque destinate al consumo umano:*

a) non devono contenere microrganismi e parassiti, né altre sostanze, in quantità o concentrazioni tali da rappresentare un potenziale pericolo per la salute umana;

b) fatto salvo quanto previsto dagli artt. 13 e 16, devono soddisfare i requisiti minimi di cui alle parti A e B dell'allegato I;

c) devono essere conformi a quanto previsto nei provvedimenti adottati ai sensi dell'art. 14, comma 1.

3. *(omissis)*

L'art. 19. (Sanzioni) stabilisce che:

1. *Chiunque fornisce acqua destinata al consumo umano, in violazione delle disposizioni di cui all'art. 4, comma 2, è punito con la sanzione amministrativa pecuniaria da lire venti milioni a lire centoventi milioni.*

2. *La violazione delle disposizioni di cui all'art. 4, comma 2, secondo periodo, è punita con la sanzione amministrativa pecuniaria da lire dieci milioni a lire sessanta milioni.*

3. *Si applica la stessa sanzione prevista al comma 2 a chiunque utilizza, in imprese alimentari, mediante incorporazione o contato per la fabbricazione, il trattamento, la conservazione, l'immissione sul mercato di prodotti o sostanze destinate al consumo umano, acqua che, pur conforme al punto di consegna alle disposizioni di cui all'art. 4, comma 2, non lo sia al punto in cui essa fuoriesce dal rubinetto, se l'acqua utilizzata ha conseguenze per la salubrità del prodotto alimentare finale.*

4.5.5 bis. *(omissis).*

Infine l'art. 20 (Norme transitorie e finali) dispone che:

1. *Le disposizioni di cui al D.P.R. 24 maggio 1988, n. 236, cessano di avere efficacia al momento della effettiva vigenza delle disposizioni del pre-*

sente decreto legislativo, conformemente a quanto previsto dall'art. 15, fatte salve le proroghe concesse dalla Commissione Europea ai sensi dell'art. 16.

2-3 (omissis).

Risulta dunque abrogato l'art. 21, del D.P.R. 24 maggio 1988, n. 236, comma 1 il quale, ai primi due commi, prevedeva come reato le seguenti condotte:

1 salvo che il fatto costituisca più grave reato, chiunque in violazione delle disposizioni del presente decreto fornisce al consumo umano acque che non presentano i requisiti di qualità previsti dall'allegato I è punito con l'ammenda da lire duecentocinquantamila a lire due milioni o con l'arresto fino a tre anni.

2 la stessa pena si applica a chi utilizza acque che non presentano i requisiti di qualità previsti dall'allegato I in imprese alimentari, mediante incorporazione o contatto per la fabbricazione, il trattamento, la conservazione, l'immissione sul mercato di prodotti e sostanze destinate al consumo umano, se le acque hanno conseguenze per la salubrità del prodotto alimentare finale.

(omissis).

Riepilogando, come si evince dal combinato del D.Lgs. n. 31 del 2001, art. 4, comma 2, lett. a) e art. 19, attualmente rappresenta illecito amministrativo:

a) l'utilizzo per il consumo umano di acque che non soddisfino le previsioni tabellari del decreto;

b) l'utilizzo di quelle che contengano microrganismi e parassiti o altre sostanze, in quantità o concentrazioni tali da rappresentare un potenziale pericolo per la salute umana;

c) l'utilizzo di quelle utilizzate in imprese alimentari mediante incorporazione o contatto per la fabbricazione, il trattamento, la conservazione, l'immissione sul mercato di prodotti o sostanze destinate al consumo umano, acqua che, pur conforme al punto di consegna alle disposizioni di cui all'art. 4, comma 2, non lo sia al punto in cui essa fuoriesce dal rubinetto, qualora l'acqua utilizzata abbia conseguenze per la salubrità del prodotto alimentare finale. Si può rilevare che non vi è piena sovrapponibilità tra le disposizioni abrogate e quelle che le hanno sostituite. Come evidenziato al punto b) per il comma 1 dell'art. 21 si è operata la depenalizzazione richiedendo, tuttavia, anche il potenziale pericolo per la salute umana.

Le conseguenze per la salubrità del prodotto alimentare finale continuano a rilevare invece quale elemento costitutivo dell'illecito - anch'esso depenalizzato - di cui al punto c) ma, a differenza della disposizione precedente, la norma attuale è limitata al caso in cui l'acqua sia conforme alle disposizioni del decreto al punto di consegna ma non al momento in cui fuoriesca dal rubinetto. Abrogato il D.P.R. n. 236 del 1988, art. 21, il presidio penale per l'utilizzazione di acqua non potabile nella preparazione di prodotti destinati al consumo umano è dunque attualmente rappresentato dalla L. n. 283 del 1962, art. 5, lett. d) ove naturalmente non siano ipotizzabili più gravi reati.

Tale disposizione richiede, tuttavia, la nocività del prodotto ed in questo senso, come costantemente affermato da questa Corte, si è in presenza di un reato di pericolo per la salute pubblica che deve essere però concreto ed attuale (Sez. 3, n. 976 del 26/11/2003 Rv. 227840).

Del resto anche l'art. 21, comma 2, dell'abrogato D.P.R. n. 236 del 1988, già costituiva un reato di danno che, per espressa disposizione di legge, veniva ad esistenza e consumazione soltanto se ed in quanto dall'uso di acque prive dei requisiti di legge, in imprese alimentari, mediante incorporazione o contatto per la fabbricazione, il trattamento, la conservazione o la immissione sul mercato di prodotti o sostanze destinate al consumo umano fossero derivate conseguenze dannose per la salubrità del prodotto alimentare finale (Sez. 3, n. 449 del 24/11/1997 Rv. 209251).

Conclusivamente, occorre quindi tenere distinta l'area dell'illecito amministrativo da quella penale ed indicare in motivazione le ragioni per le quali la condotta accertata si ritenga esulare dall'area dell'illecito amministrativo. Non si appalesa pertanto sufficiente, per le ragioni esposte, la sola constatazione della mancata osservanza delle disposizioni del D.Lgs. n. 31 del 2001 o il riferimento ad un pericolo astratto. *Peraltro che la nozione di non potabilità dell'acqua non coincida necessariamente con quella di nocività dell'acqua, è stato già affermato da questa Corte anche in relazione a questioni poste con riferimento ad altre tipologie di reati* (Sez. 1, n. 9823 del 13/07/1995 Rv. 202543) ed è anche del tutto evidente che ove si dovessero invece ritenere assolutamente coincidenti gli ambiti operativi della disposizione penale e di quella attualmente costituente illecito amministrativo,

in forza della L. n. 689 del 1981, art. 9, non potrebbe che trovare applicazione quest'ultima disposizione poiché speciale rispetto all'altra.
Sez. 3, Sentenza n. 2375 del 2012 , in www.cortedicassazione.it.

La Corte, però, nell'ultimo riferimento all'art. 9, della Legge 689 del 1981, non ha tenuto conto che lo stesso articolo, nel terzo comma, esclude che ai fatti puniti dagli articoli 5, 6 e 12 della Legge 30 aprile 1962, n. 283, e successive modificazioni ed integrazioni, si possa applicare sanzioni amministrative previste dalle disposizioni speciali in materia di produzione, commercio e igiene degli alimenti e delle bevande. Cioè, si applicano soltanto le disposizioni penali, anche quando i fatti stessi sono puniti con sanzioni amministrative.

ANALISI

ANALISI ED ALIQUOTE

Il prelievo dei campioni di prodotti alimentari deteriorabili per l'accertamento di responsabilità penali mediante l'analisi di laboratorio deve essere compiuto seguendo la normativa statale, e non gli atti amministrativi regionali.

La disposizione di cui al D.Lgs. 3 marzo 1993, n. 123, art. 4, comma 1, e quella di cui al D.M. 16 dicembre 1993, art. 2 - che per i controlli microbiologici dei prodotti alimentari deteriorabili stabiliscono rispettivamente l'obbligo di prelevare tre e quattro aliquote del campione da analizzare - non sono state superate o derogate dal D.P.R. 14 luglio 1995, art. 52, comma 2.

L'imputato propone ricorso per cassazione deducendo:

1) erronea applicazione del D.Lgs. n. 123 del 1993 e dell'art. 223 disp. att. c.p.p. in relazione alla L. 30 aprile 1962, n. 283, art. 5, lett. d), e manifesta illogicità della motivazione. Lamenta che la sentenza impugnata non chiarisce se nel supermercato al momento del prelevamento vi fossero una o più confezioni del prodotto in questione, ma ha solo specificato che fu prelevata una sola aliquota perché si trattava di prodotto sigillato. Però il fatto che il prodotto fosse sigillato non escludeva che ci potessero essere altre confezioni da prelevare per formare tutte le aliquote. Vi è, quindi, mancanza di motivazione sulla correttezza della procedura eseguita. Rileva che il prodotto in questione rientrava nell'ambito di applicazione del D.M. 16 dicembre 1993 e quindi il laboratorio, avendo accertato la non conformità, doveva procedere a comunicare all'interessato il giorno della seconda analisi, ai sensi dell'art. 223 disp. att. c.p.p.. Dovevano comunque essere prelevate più aliquote, mentre non è esatto che non si potessero formare più aliquote del campione per rispetto dell'asepsi. In ogni caso è di fondamentale importanza la ripetizione della prima analisi, essendo notoria l'incertezza delle analisi microbiologiche. L'analisi unica, anche se garantita, non può essere parificata alla revisione o ripetizione delle analisi sia per motivi scientifici sia perché sarebbe oneroso economicamente per l'azienda mandare un suo tecnico in laboratori anche lontani per assistere ad un'unica analisi.

Il motivo è fondato.

Effettivamente la motivazione della sentenza impugnata è poco chiara e contraddittoria sul punto decisivo concernente le modalità di prelevamento del campione da sottoporre ad analisi, non essendo state assolutamente indicate le ragioni per le quali non sarebbe stato possibile prelevare più di una aliquota, ed in particolare non essendo stato nemmeno precisato se nel supermercato vi fossero una o più confezioni del prodotto in questione. La sentenza impugnata si limita, infatti, ad affermare genericamente che non era possibile prelevare più campioni o più aliquote del campione. Nel verbale di sequestro si legge che fu prelevata una sola confezione di Kg. 2,578 di petto di pollo, e che fu presa una "unica aliquota perché era un prodotto sigillato". Tuttavia, il fatto che il prodotto fosse sigillato evidentemente non escludeva che ci potessero essere altre confezioni che avrebbero potuto essere prelevate per formare tutte le aliquote. Vi è, quindi, una mancanza di motivazione in ordine alla ritenuta correttezza della procedura seguita nel corso del prelevamento, perché, da un lato, è manifestamente illogica l'affermazione che si sarebbe potuta prelevare una sola confezione perché questa era sigillata e, da un altro lato, non è specificato se vi fossero altre confezioni che avrebbero potuto anch'esse essere prelevate per formare il necessario quantitativo di aliquote. D'altra parte, oltre che manifestamente illogica, è anche apodittica l'affermazione che l'unica confezione prelevata non poteva essere divisa in quattro aliquote (sebbene contenesse ben Kg. 2,578 di petto di pollo) perché l'apertura della confezione avrebbe potuto causare un rischio di contaminazione. E difatti già l'ordinanza ministeriale 11 ottobre 1978 (Limiti di cariche microbiche tollerabili in determinate sostanze alimentari e bevande) stabiliva all'art. 3 che "il prelevamento di sostanze alimentari racchiuse in contenitori di cui si debba procedere all'apertura all'atto del prelevamento, deve essere eseguito con adeguata attrezzatura e con le regole dell'asepsi", precisando al comma 4 che "Il campione prelevato deve essere ripartito... in quattro aliquote". Ciò dimostra in modo inequivoco che, con la dovuta perizia e seguendo le regole legali e quelle dell'asepsi, è ben possibile, ed anzi doveroso, prelevare il numero corretto di aliquote. Si sarebbe, quindi, dovuto adeguatamente motivare sulle ragioni per le quali nel caso di specie, invece, non sarebbe stato oggettivamente possibile seguire le normali regole dell'asepsi e suddividere il campione in quattro aliquote, essendo peraltro evidente che eventuali carenze professionali o strumentali degli accertatori non potrebbero comunque giustificare la violazione delle regole procedurali e del correlativo diritto di difesa. La circostanza è rilevante perché, quale che sia il tipo di nullità determinata dalla violazione delle norme relative alle modalità di prelevamento del campione ed alle aliquote da prelevare, nella specie la stessa è stata tempestivamente eccepita in limine litis, e quindi non può ritenersi sanata.

Il fatto contestato si è verificato il 10.5.2005, e quindi trova applicazione il D.Lgs. 3 marzo 1993, n. 123 (recante Attuazione della direttiva 89/397/CEE relativa al controllo ufficiale dei prodotti alimentari), il cui art. 4, comma 1 (articolo non abrogato dall'art. 3 D.Lgs. 6 novembre 2007, n. 193), dispone che "per i controlli microbiologici dei prodotti alimentari deteriorabili, indicati con decreto del Ministro della sanità, il responsabile del laboratorio provvede ai relativi accertamenti su un'aliquota del campione ed in caso di non conformità, provvede con tempestività a darne avviso all'interessato specificando il parametro difforme e la metodica di analisi e comunicando il luogo, il giorno e l'ora in cui le analisi vanno ripetute limitatamente ai parametri risultati non conformi; un'altra aliquota resta di riserva presso il laboratorio per un'eventuale perizia ordinata dall'autorità giudiziaria". Questa disposizione - posta da atto avente forza di legge - stabilisce dunque che, <u>in caso di prodotti alimentari deteriorabili, il prodotto deve essere suddiviso in almeno tre aliquote: la prima destinata alla preanalisi, la seconda all'eventuale ripetizione limitatamente ai parametri che risultino non conformi, e la terza da conservarsi presso il laboratorio per una eventuale perizia ordinata dalla autorità giudiziaria.</u>

La disposizione è stata poi integrata - e non modificata - dal D.M. 16 dicembre 1993, emanato proprio in forza della delega (o autorizzazione) contenuta nel medesimo D.Lgs. 3 marzo 1993, n. 123, art. 4. Il decreto ministeriale ha proceduto alla "individuazione delle sostanze alimentari deteriorabili alle quali si applica il regime di controlli microbiologici ufficiali" ed all'art. 1 ha stabilito che costituiscono, tra gli altri, prodotti alimentari deteriorabili "i prodotti alimentari preconfezionati, destinati come tali al consumatore, il cui periodo di vita commerciale, inferiore a novanta giorni, risulti dalla data di scadenza indicata in etichetta, con la dicitura "da consumarsi entro" (comma 1, lett. a) e le "carni fresche" (comma 1, lett. c), n. 3). Non vi sono quindi dubbi che nella specie si trattava di prodotto deteriorabile e che quindi dovevano essere seguite le relative procedure.

Al D.Lgs. 3 marzo 1993, n. 123, art. 2 il medesimo decreto ha poi stabilito che "per i prodotti alimentari deteriorabili di cui all'art. 1, comma 1, non essendo possibile effettuare l'analisi di revisione secondo le modalità di cui alla L. 30 aprile 1962, n. 283, art. 1, il campione prelevato alfine del controllo microbiologico va ripartito dalla persona incaricata del prelievo in quattro aliquote, ciascuna delle quali in quantità congrua per l'espletamento delle analisi da effettuare. Una delle quattro aliquote, conservate con l'osservanza delle previsioni previste dall'art. 1, comma 3, viene consegnata dal prelevatore al detentore del prodotto alimentare unitamente al verbale di prelevamento, mentre le altre tre aliquote vengono consegnate ai laboratori competenti per territorio per l'effettuazione, su una prima aliquota, degli accertamenti analitici e per la ripetizione, su una seconda aliquota, delle analisi limitatamente ai parametri eventualmente risultati non conformi. L'ultima aliquota, infine, resta di riserva presso il laboratorio per un'eventuale perizia ordinata dalla autorità giudiziaria". Il decreto ministeriale in esame, dunque, ha previsto che, oltre alle tre aliquote già prescritte dal D.Lgs. 3 marzo 1993, n. 123, sia prelevata una quarta aliquota da consegnarsi al detentore del prodotto alimentare per permettere un più compiuto esercizio del diritto di difesa. Tale disposizione non si pone in contrasto col D.Lgs. 3 marzo 1993, n. 123, sia perché è stata emanata proprio in forza della delega ivi prevista, sia perché è solo integrativa (e non modificativa) delle disposizioni del decreto legislativo, limitandosi a prescrivere la necessità di una quarta aliquota da consegnare all'interessato, ossia a porre una prescrizione pienamente conforme al sistema delineato dall'atto avente forza di legge. Tale previsione, del resto, è conforme anche alla previgente disciplina regolamentare in materia di controlli alimentari, dal momento che già *la ricordata ordinanza ministeriale dell'11 ottobre 1978, sulle cariche microbiche, disponeva (art. 4 e tabella B) che ai fini del campionamento delle sostanze alimentari occorre costituire quattro aliquote del campione prelevato, da destinare al laboratorio di analisi di prima istanza, all'istituto superiore di sanità per le analisi di revisione, alla autorità giudiziaria per l'eventuale perizia, ed al produttore.*

Si tratta però ora di stabilire se queste previsioni sul numero di aliquote da prelevare (sia quella posta dal D.Lgs. 3 marzo 1993, n. 123, art. 4, sia quella posta dal D.M. 16 dicembre 1993) possano ritenersi superate o derogate da atti amministrativi regionali (non aventi forza di legge regionale), che eventualmente prevedano un numero inferiore di aliquote.

Si è, infatti, rilevato che la L. 19 febbraio 1992, n. 142, art. 52 (legge comunitaria per il 1991) ha stabilito che "l'organizzazione dei controlli ufficiali dei prodotti alimentari dovrà assumere una distribuzione nazionale territoriale omogenea e adottare gli stessi metodi di controllo sia per i prodotti destinati ad essere commercializzati nel territorio nazionale che per quelli destinati in altro Stato membro o fuori della Comunità" (comma 1) e che "per assicurare il controllo della conformità degli alimenti alla legislazione alimentare in conformità alla direttiva del Consiglio 89/397/CEE, le regioni e le province autonome di Trento e di Bolzano predispongono appositi programmi che definiscono la natura e la frequenza dei controlli che debbono essere effettuati regolarmente durante un periodo determinato, secondo criteri uniformi emanati ai sensi della L. 23 dicembre 1978, n. 833, art. 5" (comma 2). In forza di tale delega ed al fine di emanare i criteri uniformi di cui alla L. 19 gennaio 1992, n. 142, art. 52, comma 2, è stato poi emanato il D.P.R. 14 luglio 1995, contenente l'"Atto di indirizzo e coordinamento alle regioni e province autonome sui criteri uniformi per l'elaborazione dei programmi di controllo ufficiale degli alimenti e bevande", il quale stabilisce, all'art. 1, che le regioni e le province autonome "predispongono appositi programmi per definire la natura e la frequenza dei controlli" secondo criteri uniformi, ed all'art. 2, comma 5, che "il numero dei campioni da prelevare nel corso dell'ispezione per gli accertamenti analitici di laboratorio deve corrispondere al volume, alla complessità e alla vulnerabilità igienica della produzione, nonché ad eventuali peculiari necessità emergenti dall'ispezione".

Si è sostenuto che tale previsione prevarrebbe su quella del D.M. 16 dicembre 1993 e su quella del D.Lgs. 3 marzo 1993, n. 123, e che quindi gli atti amministrativi regionali (non aventi forza di legge regionale) potrebbero stabilire un numero di aliquote inferiore a quelle previste da questi ultimi due atti normativi statali (cfr. Sez. 3^, 28.6.2006, dep. 13.11.2006, n. 37400, Bigi). Nel caso in esame, il giudice del merito ha ritenuto che fossero appunto applicabili le deliberazioni della giunta regionale umbra che prevedono, secondo quanto afferma la sentenza impugnata, "la possibilità, rimessa sostanzialmente alla discrezionalità degli operatori, di prelevare un'aliquota unica, nel caso di alimenti con vita commerciale inferiore a 15 giorni o qualora la quantità di matrice sia insufficiente ad allestire le aliquote dovute". Si ritiene però che questa tesi non possa essere seguita e debba invece essere confermato l'orientamento secondo cui le prescrizioni contenute nel D.Lgs. 3 marzo 1993, n. 123, e nel D.M. 16 dicembre 1993 in tema di aliquote minime che devono essere prelevate per le analisi microbiologiche non sono state modificate o superate dal D.P.R. 14 luglio 1995 né tanto meno da eventuali atti amministrativi regionali (cfr. Sez. 3^, 2 marzo 2006, dep. 12.7.2006, n. 24056, Bigi).

Innanzitutto, invero, in questa sede si tratta di stabilire quale sia la disciplina relativa alla procedura per i prelievi e le analisi da seguire ai fini penali, in sede di indagini preliminari e per l'accertamento di eventuali reati. Non hanno quindi rilievo le norme dettate ad altri fini, quale quello di assicurare una uniformità dei controlli amministrativi per finalità amministrative. Pertanto, poiché le regioni non hanno competenza in materia penale, le eventuali differenti norme regionali in materia di campionamenti e di prelievi devono comunque essere interpretate in via adeguatrice nel senso che esse hanno rilievo solo ai fini amministrativi e che non incidono sulle norme statali disciplinanti le procedure da seguire per l'accertamento di eventuali reati e pertanto applicabili dal giudice penale nel processo penale.

Questa interpretazione, del resto, corrisponde anche alla lettera ed alla ratio delle disposizioni in questione. La L. 19 gennaio 1992, n. 142, art. 52, infatti, non si proponeva affatto di dettare una nuova disciplina delle garanzie di difesa relative ai prelevamenti dei campioni per le analisi che possano costituire prova anche in sede penale, bensì aveva il differente fine di stabilire su tutto il territorio nazionale una organizzazione omogenea dei controlli amministrativi dei prodotti alimentari, con metodologie di controllo identiche per tutti i prodotti a prescindere dalla loro destinazione. All'atto di indirizzo e coordinamento previsto dal comma 2 era pertanto demandato di fissare criteri uniformi in ordine alla natura ed alla frequenza dei controlli che debbono essere effettuati in un determinato periodo di tempo. Conseguentemente, l'atto di indirizzo e coordinamento emanato, in attuazione di tale disposizione, con D.P.R. 14 luglio 1995 ha previsto la predisposizione da parte delle regioni di appositi programmi per definire la natura e la frequenza dei controlli, disponendo infine all'art. 2, comma 5, che il numero dei campioni da prelevare deve corrispondere al volume, alla complessità e alla vulnerabilità igienica della produzione e ad eventuali necessità emergenti dall'ispezione.

È quindi evidente come sia la L. 19 gennaio 1992, n. 142, art. 52, sia il D.P.R. 14 luglio 1995 abbiano inteso solo assicurare l'omogeneità, la natura e la frequenza dei controlli amministrativi sugli alimenti, ma non anche disciplinare le garanzie difensive da applicarsi nel procedimento penale relativamente alle modalità di campionamento o al numero minimo di campioni da prelevare, ovvero derogare alle norme statali che fissano tale numero ai fini penali. Del resto, il citato atto di indirizzo e coordinamento di cui al D.P.R. 14 luglio 1995, all'art. 2, comma 2, dispone che per i prodotti alimentari di cui al comma 1, lett. a) - che, al n. 6 comprende anche le carni fresche e le carni di pollame - si applicano le norme del D.Lgs. 3 marzo 1993, n. 123, nonché le disposizioni e le procedure di controllo recate dalle norme di settore indicate nella tabella 1 (la quale tabella, al n. 4, indica, quali provvedimenti normativi di riferimento per le carni di pollame, il D.P.R. 8 giugno 1982, n. 503 e la direttiva 91/116/CEE). Può inoltre osservarsi che la tesi che qui non si condivide si basa sia sull'assunto che il D.P.R. 14 luglio 1995 trarrebbe la sua forza ed efficacia dalla L. 19 gennaio 1992, n. 142, art. 52, e sia sull'assunto, implicito, che tale disposizione legislativa conterrebbe anche una norma che autorizzerebbe il conferimento alle regioni del potere di determinare autonomamente il numero dei campioni e delle aliquote da prelevare. Ma se così fosse, ossia se davvero la L. 19 gennaio 1992, n. 142, art. 52 contenesse una norma siffatta, è facile osservare che tale norma, in virtù del criterio cronologico, sarebbe stata evidentemente abrogata per incompatibilità dal D.Lgs. 3 marzo 1993, n. 123, art. 4. Quest'ultima disposizione, infatti, successiva nel tempo, ha previsto in modo rigido e preciso, per consentire un compiuto esercizio del diritto di difesa, che per i controlli microbiologici dei prodotti alimentari deteriorabili devono essere prelevate almeno tre aliquote del prodotto e che devono applicarsi le procedure di cui all'art. 223 c.p.p.. Essa dunque ha abrogato per incompatibilità tutte le norme precedenti che, per i controlli microbiologici dei prodotti alimentari deteriorabili, eventualmente prevedessero o comunque consentissero il prelevamento di un numero inferiore di aliquote del prodotto, e pertanto anche la ipotizzata norma della L. 19 gennaio 1992, n. 142, art. 52, che, secondo l'assunto, avrebbe consentito di demandare alle singole regioni di stabilire in modo autonomo il numero delle aliquote.

Ne deriva che il D.P.R. 14 luglio 1995, qualora realmente contenesse una norma che autorizzi le regioni a prevedere autonomamente il numero delle aliquote del campione da prelevare relativamente ai controlli microbiologici dei prodotti alimentari deperibili, sarebbe privo per questo aspetto di un fondamento legislativo. Anzi tale norma dell'atto di indirizzo e coordinamento sarebbe chiaramente illegittima - e dovrebbe essere disapplicata dal giudice - perché in contrasto con il citato D.Lgs. 3 marzo 1993, n. 123 , art. 4, ossia con una disposizione non solo avente forza di legge, ma addirittura entrata in vigore successivamente alla disposizione legislativa sulla quale l'atto di indirizzo si fonda.

È anche evidente che tutti gli eventuali atti amministrativi regionali che - sempre in relazione ai controlli microbiologici dei prodotti alimentari deperibili - dovessero prevedere un numero di aliquote del campione inferiore alle quattro previste dal D.M. 16 dicembre 1993 (o alle cinque nell'ipotesi stabilita dall'art. 2, comma 2), o comunque alle tre previste dal D.Lgs. 3 marzo 1993, n. 123, art. 4, sarebbero - per tale parte - illegittimi e dovrebbero essere disapplicati. Anche volendo ipotizzare, invero, che il D.P.R. 14 luglio 1995 e gli atti amministrativi regionali potessero prevalere sul D.M. 16 dicembre 1993 (ma per le ragioni dianzi indicate ciò deve escludersi), essi comunque non potrebbero porsi in contrasto con il D.Lgs. 3 marzo 1993, n. 123, art. 4, ossia con norme che oltretutto disciplinano una materia (garanzie difensive nell'ambito del procedimento penale) che esula dalla competenza regionale.

D'altra parte, l'illegittimità degli atti amministrativi regionali, nella parte in cui prevedessero un numero inferiore di aliquote anche per i controlli microbiologici in questione, è confermata dalla stessa sentenza impugnata, laddove ammette che l'atto amministrativo regionale umbro prevederebbe la possibilità in alcune ipotesi di prelevare anche una aliquota unica, e che tale possibilità sarebbe "sostanzialmente rimessa alla discrezionalità degli operatori". È evidente infatti che fondamentali garanzie di difesa previste espressamente dal legislatore nel procedimento penale e nella fase delle indagini preliminari non potrebbero venir meno od essere eluse da una decisione discrezionale degli accertatori, ai quali peraltro il potere sarebbe stato attribuito da un atto amministrativo regionale.

Del resto, la previsione del numero delle aliquote del campione da prelevare è essenziale al sistema previsto dal legislatore per garantire il diritto di difesa anche nel procedimento penale. La disciplina dettata in via generale dalla L. 30 aprile 1962, n. 283, art. 1, in materia di vigilanza sanitaria sui prodotti alimentari contemplava per tutti i tipi di prodotti alimentari prelevati: un primo accertamento, di natura tecnico - amministrativa, ad opera dei laboratori all'uopo autorizzati, che si svolge quindi al di fuori dell'ambito processuale; la comunicazione all'interessato dei risultati delle analisi, se a lui sfavorevoli, sì da consentirgli di richiederne la revisione; solo successivamente, in caso di mancata richiesta dell'interessato o di conferma - in sede di revisione - dei primi risultati, la denuncia all'autorità giudiziaria. La Corte costituzionale, con sentenza n. 434 del 1990, dichiarò però l'illegittimità costituzionale della L. 30 aprile 1962, n. 283, art. 1, comma 2, nella parte in cui non prevede che, per i casi di analisi su campioni di sostanze alimentari deteriorabili, il laboratorio dia avviso dell'inizio delle operazioni di analisi alle persone interessate, affinché queste possano presenziare all'effettuazione delle analisi. L'art. 223 disp. att. c.p.p. ha poi distinto a seconda che i campioni prelevati ai fini dell'analisi possano o meno essere oggetto di revisione; nel primo caso (comma 2), rinviando il rispetto dei diritti della difesa alla eventuale fase della revisione, nel secondo caso (comma 1), anticipando tale tutela al momento della prima analisi. Il sistema dei controlli microbiologici sulle sostanze alimentari deteriorabili è stato poi disciplinato in modo specifico dal D.Lgs. 3 marzo 1993, n. 123, il quale, come già rilevato, all'art. 4, prevede, nel caso di prodotti deteriorabili, che il responsabile del laboratorio provvede alle analisi su una aliquota del campione; in caso di non conformità deve tempestivamente avvisare l'interessato indicandogli, tra l'altro, quando e dove le analisi verranno ripetute limitatamente ai parametri risultati non conformi, conservando in laboratorio una terza aliquota del campione per una eventuale perizia ordinata dalla autorità giudiziaria.

In sostanza, al contrario del sistema previsto dalla L. 30 aprile 1962, n. 283, come modificato dalla sentenza costituzionale n. 434 del 1990, il sistema delineato dal D.Lgs. 3 marzo 1993, n. 123, e dal D.M. 16 dicembre 1993 per i prodotti alimentari deteriorabili ivi indicati, partendo dal presupposto che sia impossibile l'analisi di revisione, impone al laboratorio che abbia accertato nella prima analisi parametri non conformi, di procedere d'ufficio alla ripetizione dell'analisi limitatamente ai parametri non conformi, preavvisando la persona interessata.

Proprio per permettere al sistema di funzionare il D.Lgs. 3 marzo 1993, n. 123, prevede che debbano essere prelevate tre aliquote del campione (una per la preanalisi; una seconda per la eventuale ripetizione limitatamente ai parametri risultati non conformi; ed una terza per una eventuale perizia giudiziale). Il D.M. 16 dicembre 1993, poi, ampliando le garanzie di difesa, prevede una quarta aliquota da consegnare all'interessato (ed anche una quinta aliquota in determinate ipotesi).

Ora, se l'atto amministrativo regionale che preveda una sola aliquota fosse legittimo e dovesse applicarsi, il sistema di garanzie per l'eventuale imputato non potrebbe più funzionare, perché non sarebbe più possibile consentire la ripetizione dell'analisi relativamente ai parametri risultati non conformi nella preanalisi amministrativa e nemmeno vi sarebbe più la possibilità per l'imputato di chiedere e per il giudice di disporre una perizia nel corso del processo penale.

Né sarebbe possibile sostenere (come fa la sentenza impugnata che ritiene sufficiente una sola aliquota) che la necessità delle tre (o quattro) aliquote del campione venga meno qualora gli accertatori avvisino l'interessato del luogo e della data della preanalisi, mettendolo in condizione di parteciparvi con un proprio consulente, sicché non sarebbe più necessaria la "ripetizione dell'analisi". Il sistema previsto dal legislatore sarebbe infatti ugualmente stravolto. In primo luogo, verrebbe meno una garanzia fondamentale, ossia la possibilità di disporre una perizia nel processo penale. In secondo luogo, l'eventuale invito all'interessato di partecipare alla preanalisi ed anche l'eventuale partecipazione, non farebbero comunque venir meno la necessità di rendere possibile una ripetizione dell'analisi per i parametri risultati non conformi. È infatti noto che, in ambito microbiologico, i parametri rilevati dalla prima analisi possono risultare difformi, perché, trattandosi di analisi microbiologiche e quindi volte alla ricerca di batteri, ed essendo questi per loro natura disomogenei, le risultanze del primo esame possono non essere confermate nel secondo. L'attendibilità del risultato di analisi è quindi data anche dalla sua ripetizione. Non è dunque affatto la stessa cosa compiere una sola analisi, sia pure mettendo l'interessato in condizione di parteciparvi, e compiere invece prima la preanalisi e poi la ripetizione dell'analisi per i soli parametri risultati non conformi, dato che la doppia analisi dà in ogni caso una maggiore garanzia di attendibilità del risultato. Inoltre, la non parificabilità dell'analisi unica, anche se garantita, alla ripetizione dell'analisi è determinata anche dal fatto che in quest'ultima ipotesi si verificherebbero evidenti ed illogiche disparità di trattamento tra gli interessati a seconda della loro diversa capacità economica. Ed infatti, nel caso di un'unica analisi, sia pure garantita, una qualsiasi azienda del settore, per potersi pienamente difendere, sarebbe costretta ad inviare un proprio consulente o un proprio tecnico presso tutti i laboratori italiani per assistere a tutte le innumerevoli analisi microbiologiche di routine, con evidenti elevati costi economici non da tutte le aziende sopportabili. Quindi, se davvero fosse sufficiente una sola analisi preceduta dal preavviso all'interessato, quest'ultimo si troverebbe nell'alternativa o di sopportare rilevantissimi costi economici per presenziare a tutte indistintamente le analisi oppure di rinunciare a difendersi anche negli eventuali casi di analisi positiva, dal momento che, essendo stata prelevata una sola aliquota del campione, l'analisi evidentemente non potrebbe più essere ripetuta. È proprio per questo che il legislatore ha previsto in ambito microbiologico un sistema razionale, che contempla sempre una prima analisi e solo all'esito di questa la eventuale ripetizione. Ed è proprio per questo che anche quell'affermazione giurisprudenziale secondo cui la mancata ripetizione della prima analisi non è causa di nullità qualora sia stata effettuata una prima analisi garantita, con anticipazione della procedura prevista dall'art. 223 disp. att. c.p.p., ha espressamente sottolineato che la nullità non si verifica solo a condizione che l'interessato non abbia avanzato richiesta di ripetizione dell'analisi (Sez. 3^, 10.5.2005, n. 20510, Chirico, m. 231998). In altri termini anche secondo questa tesi potrebbe pure essere sufficiente una sola analisi garantita, ma deve essere in ogni caso salvaguardata la possibilità per l'interessato (che abbia o meno partecipato alla prima analisi) di chiedere la ripetizione dell'analisi, nonché, ovviamente, la possibilità che la ripetizione dell'analisi sia in concreto effettuata. Ma se deve sempre essere possibile, anche solo a richiesta dell'interessato, fare una ripetizione dell'analisi, ciò evidentemente significa che non può essere sufficiente il prelievo di una sola aliquota del campione perché in tal caso, trattandosi in ipotesi di sostanza alimentare deperibile, la ripetizione di analisi non sarebbe mai possibile. Anche sotto tali profili quindi emerge l'illegittimità - e la conseguente disapplicabilità - di eventuali atti amministrativi regionali che prevedessero, per le analisi microbiologiche di alimenti deteriorabili, il prelievo di una sola aliquota del campione e la nullità ai fini del processo penale di una procedura di accertamento che si fosse risolta nel prelievo di una sola aliquota o comunque di un numero di aliquote inferiore a quello previsto dalla normativa statale.

In conclusione deve essere affermato il seguente principio di diritto:

<u>la disposizione di cui al D.Lgs. 3 marzo 1993, n. 123, art. 4, comma 1, e quella di cui al D.M. 16 dicembre 1993, art. 2 - che per i controlli microbiologici dei prodotti alimentari deteriorabili stabiliscono rispettivamente l'obbligo di prelevare tre e quattro aliquote del campione da analizzare - non sono state superate o derogate dal D.P.R. 14 luglio 1995, art. 52, comma 2, né da eventuali atti amministrativi normativi regionali che eventualmente prevedano un numero inferiore di aliquote da prelevare, atti amministrativi che, qualora dovessero incidere sulle garanzie difensive nell'ambito del procedimento penale, sarebbero illegittimi e dovrebbero essere disapplicati dal giudice.</u>

Sez. 3, Sentenza n. 34853 del 2009, in C.E.D. Rv. 244590.

Si veda anche: Di Pinto S., Controllo e analisi sugli alimenti invasi da parassiti, in Diritto e Giurisprudenza Agraria Alimentare e dell'Ambiente, anno 2010 fasc. 4. parte 2. pag. 256.

Analisi di revisione

In caso di analisi di revisione le prime analisi effettuate, di cui è stata chiesta la revisione, non sono più utilizzabili ai fini dell'accertamento della colpevolezza dell'imputato, dato che ai sensi dell'art. 223, comma terzo, disp. att. cod. proc. pen., solo i verbali delle analisi non ripetibili e quelli di revisione delle analisi devono essere inseriti nel fascicolo del dibattimento.

Il Tribunale ha affermato la colpevolezza, in ordine al reato di cui alla L. n. 283 del 1962, art. 5, lett. d), dell'amministratore unico di una società per aver prodotto e confezionato "Riso Fine Ribe Parboiled" insudiciato e comunque in stato di alterazione per la presenza di frammenti di calcinaccio e feci di topo.

È stato accertato in punto di fatto dal giudice di merito che, a seguito di analisi eseguite da personale della ASL su un campione di riso prelevato da una partita esistente presso la cucina del Policlinico xxx di xxx, era emersa la presenza di corpi estranei ed in particolare frammenti di calcinaccio e feci di topo. A seguito della revisione delle analisi, eseguita su richiesta dell'imputato, era stata confermata la presenza di corpi estranei ed in particolare cinque frammenti minerali, un frammento vegetale e un frammento di insetto.

Sulla base delle citate risultanze il giudice di merito ha ritenuto integrato il reato di cui alla contestazione, osservando, tra l'altro, che l'Istituto Superiore di Sanità aveva espresso parere non favorevole in ordine al campione esaminato.

Avverso la sentenza ha proposto ricorso il difensore dell'imputato.

Si deduce che il giudice di merito avrebbe dovuto tener conto, ai fini della valutazione del fatto ascritto, esclusivamente delle risultanze delle analisi eseguite in sede di revisione, richiesta dalla difesa dell'imputato.

Si osserva che le prime analisi sono state eseguite in assenza di contraddittorio e, peraltro, su un campione prelevato da una confezione già aperta, senza, perciò, nessuna garanzia circa la genuinità del prodotto che poteva essere stato inquinato da fattori esterni.

Con il secondo mezzo di annullamento si denuncia violazione ed errata interpretazione di legge. Si osserva che l'imputato deve rispondere, in relazione al reato ascrittogli, esclusivamente della presenza nel riso di alcuni frammenti di minerale, di un frammento vegetale e di un frammento di insetto, non rilevabili ad occhio nudo, ma solo all'analisi microscopica.

Il ricorso è fondato nei limiti di seguito precisati. Ai sensi dell'art. 223, disp. coord. c.p.p., comma 3, sono inseriti nel fascicolo del dibattimento i verbali delle analisi non ripetibili ed i verbali di revisione delle analisi, sempre che siano state rispettate le disposizioni di cui ai commi 1 e 2.

Dalla norma si evince chiaramente che, <u>nel caso di revisione delle analisi, sono inseriti nel fascicolo del dibattimento solo i verbali di queste ultime e, quindi, solo queste ultime sono utilizzabili dal giudice di merito ai fini dell'accertamento della colpevolezza dell'imputato.</u>

Orbene, emerge in modo palese dalla motivazione dell'impugnata sentenza che il giudice di merito ha fondato l'affermazione di colpevolezza dell'imputato in ordine al reato ascrittogli e, cioè, alla produzione e vendita di sostanze alimentari insudiciate soprattutto sul rilievo che nel riso prodotto dalla xxx S.p.A. erano presenti frammenti di calcinacci e feci di topo, risultati, invece, assenti in sede di revisione delle analisi.

La sentenza impugnata deve essere, pertanto, annullata con rinvio affinché il giudice di merito valuti l'esistenza degli elementi costitutivi del reato, anche alla luce dei rilievi della difesa dell'imputato in ordine ai limiti di tolleranza stabiliti in materia, tenendo conto esclusivamente dei risultati della revisione delle analisi.

Sez. 3, Sentenza n. 17545 del 2010, in C.E.D., Rv. 247169.

Quando il campione non è deteriorabile, legittimamente viene esclusa dalla legge la partecipazione degli interessati alle prime analisi, giacché la revisione consentirebbe comunque, anche se in un momento successivo, di esercitare le garanzie difensive ad essi spettanti.

Il Tribunale ha condannato, in relazione alla L. n. 283 del 1962, art. 5, comma 1, lett. h), l'amministratore di una Cooperativa Ortofrutticola e l'amministratore della società rivenditore, perché detenevano per la vendita sedano contaminato da residui attivi di Cloripirifes Metile (pari a 0,09 mg/kg), sostanza vietata su questo tipo di coltura ai sensi del D.M. Salute del 27 agosto 2004, art. 5 e successive modificazioni.

Avverso la sentenza, il xxx ha proposto ricorso, chiedendo l'assoluzione per il reato contestato, perché il fatto non sussisterebbe o per non aver commesso il fatto. Le dichiarazioni testimoniali avrebbero dimostrato la buona fede del ricorrente nella vendita del prodotto. Inoltre, le analisi del prodotto, nonostante la natura deteriorabile del sedano, sarebbero state effettuate senza avviso alle parti interessate e da un laboratorio non accreditato dal SINA, sicché il rapporto di prova sarebbe inutilizzabile.

L'imputato yyy ha proposto ricorso per i seguenti motivi: 1) Inosservanza di norme processuali stabilite a pena di inutilizzabilità ed erronea applicazione della legge penale, poiché la responsabilità dell'imputato sarebbe stata fondata su una prova inutilizzabile, perché acquisita secondo modalità contrarie a quelle previste dalla legge ed in violazione delle garanzie difensive. Il rapporto di prova, a seguito di analisi su un campione di sedano prelevato presso l'esercizio all'ingrosso del yyy, sarebbe stato redatto dal Dipartimento ARPA, un laboratorio non accreditato a svolgere i suddetti esami. Le indagini avrebbero dovuto essere compiute, al contrario, da laboratori provinciali di igiene espressamente autorizzati come previsto dalla L. n. 283 del 1962, art. 1. Inoltre, non si sarebbe tenuto conto del fatto che a seguito della declaratoria di illegittimità costituzionale n. 434 del 1990, il laboratorio avrebbe dovuto dare avviso alle persone interessate dell'inizio delle operazioni della facoltà di assistervi anche con l'assistenza di un consulente. Infatti non rileverebbero la natura delle analisi, se microbiologiche o chimiche, ma la natura del prodotto alimentare analizzato, che nella specie era deteriorabile; 2) Vizio di motivazione in quanto all'imputato non sarebbe stata riconosciuta la causa di non punibilità di cui alla L. n. 283 del 1962, art. 19 poiché il prodotto era stato acquisito dall'imputato quale grossista in colli originali preconfezionati per essere rivenduto al dettaglio; 3) Violazione dell'art. 606 c.p.p., lett. b) ed c), essendo stata applicata illegittimamente la pena accessoria della pubblicazione della sentenza con conseguente preclusione per l'imputato del beneficio di cui agli artt. 163 e 175 c.p.. Infatti, dal capo di imputazione non risulterebbe la contestazione dell'aggravante di cui alla L. n. 283 del 1962, art. 6, comma 4, ma esclusivamente la detenzione per la vendita di sedano contaminato da residui attivi di un fitofarmaco vietato sul tipo di coltura oggetto di commercializzazione, sicché la sentenza sarebbe nulla per quanto attiene alla ritenuta aggravante della frode tossica nonché per quanto attiene al conseguente trattamento sanzionatorio.

Il primo motivo di ricorso, comune ad entrambe le parti deve essere rigettato perché infondato. La sentenza di merito ha dato atto che sui campioni di sedano, prelevati dalle casse rinvenute presso la cooperativa, erano stati compiuti gli accertamenti volti a verificare l'esistenza di sostanze fitochimiche il cui impiego non è consentito sui prodotti ortofrutticoli e che alle parti era stato dato avviso con raccomandata della possibilità di effettuare la revisione delle analisi sul campione. Risulta altresì pacifico che nella fattispecie in esame gli imputati furono avvertiti dei risultati delle analisi, al fine di poter esercitare la facoltà di richiedere la revisione, facoltà di cui, però, non si sono avvalsi. Per quanto concerne l'analisi dei campioni, deve farsi riferimento all'art. 223 disp. att. c.p.p.. Giova premettere che, con sentenza n. 434/1990, la Corte Costituzionale ha dichiarato l'illegittimità della L. n. 283 del 1962, art. 1, comma 2, nella parte in cui non prevede che - per i casi di analisi su campioni prelevati da sostanze alimentari deteriorabili - il laboratorio competente dia avviso dell'inizio delle operazioni alle persone interessate, affinché queste possano presenziare ad esse, eventualmente con l'assistenza di un consulente tecnico. Le procedure di cui all'art. 223 sono state espressamente richiamate poi dal D.Lgs. n. 123 del 1993, concernente i controlli microbiologici dei prodotti alimentari deteriorabili. Orbene, l'art. 223 disp. att. c.p.p., comma 1 si riferisce alle analisi di campioni per i quali non è prevista la revisione (Cfr. Sez. 3, n. 2360 del 19/11/2009, dep. 19/1/2010, Prevedini, Rv.25910); è evidente che in questo caso deve essere assicurata subito un'adeguata difesa ai soggetti interessati alle analisi, giacché altrimenti risulterebbe definitivamente pregiudicata la loro successiva posizione processuale, per cui la norma prevede l'obbligo di avvertirli - anche oralmente e senza specifico onere di verbalizzazione - dell'ora e del luogo ove le analisi verranno effettuate; detto preavviso costituisce l'unico requisito di utilizzabilità in giudizio delle analisi dei campioni, che sono atti tipicamente amministrativi e non giudiziari, ma che hanno piena rilevanza probatoria nell'ambito del processo penale. L'art. 223 disp. att. c.p.p., comma 2 disciplina, invece, l'ipotesi in cui sia prevista la revisione delle analisi ed essa sia richiesta. In tal caso agli interessati, ed agli eventuali loro difensori, devono essere comunicati - almeno tre giorni prima - la data, l'ora ed il luogo di espletamento delle operazioni di revisione, non essendo in alcun modo garantita la possibilità di partecipazione alle prime analisi.

In definitiva, come ha già avuto modo di precisare questa Corte, il legislatore ha individuato due momenti differenti in cui sorge l'obbligo di avvertire gli interessati per assicurare loro un'adeguata tutela in caso di analisi (pena la inutilizzabilità dei risultati delle stesse):

1) subito dopo il campionamento ed in tempo utile per assistere alle prime analisi, per i campioni per i quali non è prevista la revisione;

2) dopo le prime analisi, quando la revisione sia possibile e venga richiesta dagli interessati, ed almeno tre giorni prima di essa. Ovviamente la concreta possibilità di effettuare la revisione delle analisi è collegata ad un dato obiettivo: la non deteriorabilità del campione, sussistendo altrimenti la fisica impossibilità di una reiterazione di esse; pertanto quando il campione non è deteriorabile, legittimamente viene esclusa dalla legge la partecipazione degli interessati alle prime analisi, giacché la revisione consentirebbe comunque, anche se in un momento successivo, di esercitare le garanzie difensive ad essi spettanti (cfr. Sez. 3, 13 novembre 1997, n. 11828, Andergassen ed altro).

Alla luce dei principi sopra richiamati, dal momento che il sedano era stato congelato, poteva certamente essere effettuata - con evidente attendibilità dei risultati - la revisione delle analisi sui campioni prelevati, laddove le parti si fossero avvalse della facoltà di chiederla e di tale facoltà le parti erano state prontamente edotte, ove si consideri che, come correttamente rilevato dalla sentenza impugnata, il riscontro di elementi fitochimici sarebbe comunque stato esperibile per un lungo periodo anche su alimenti deteriorabili. Invero anche l'individuazione delle sostanze alimentari deteriorabili effettuata con D.M. 16 dicembre 1993, è finalizzata esclusivamente ai controlli microbiologici ufficiali di cui al D.Lgs. 3 marzo 1993, n. 123, ma non certo agli altri tipi di accertamenti, quale quello in questione, relativo alla ricerca di additivi chimici (cfr. Sez. 3, n. 28496 del 17/5/2007, dep. 18/7/2007, Ilario e altri, Rv.237227). In definitiva, questo Collegio ritiene che nel caso di specie sarebbe stata utilmente esperibile l'analisi di revisione, per cui gli *imputati, per contestare i risultati delle prime analisi del prodotto, avrebbero dovuto avvalersi della possibilità di richiederla. Dal momento che non si sono avvalse di tale facoltà, non può essere eccepita l'inutilizzabilità processuale delle prime analisi, i cui risultati provano, sotto il profilo oggettivo, la sussistenza della contravvenzione contestata.*

Per quanto riguarda l'ulteriore doglianza, relativa alla natura dell'ente incaricato ad effettuare le indagini di laboratorio, anch'essa risulta infondata, non avendo i giudici del merito rilevato dagli atti processuali alcun comportamento irregolare da parte dell' autorità di controllo nella sua attività di indagine, che è stata svolta nel rispetto delle regole imposte dall'autorità pubblica titolare del potere di controllo.

Risulta, invece, fondato l'ultimo motivo di ricorso. La giurisprudenza di legittimità ha precisato che per "frode tossica" deve intendersi un fatto reato, quale previsto negli artt. 5 e 6 della cit. Legge, "insidioso per se stesso o produttivo di effetti insidiosi, da cui derivi un'attitudine della sostanza a produrre effetti intossicanti o comunque un pericolo di danno per la salute del consumatore da accertarsi in concreto" (in tal senso, Sez. 3, n. 13535 del 5/2/2009, dep. 27/3/2009, Mascagni, Rv. 243388). Nel caso di specie, invece, va osservato che l'aggravante di cui alla previsione legislativa dell'art. 6, comma 4, della cit. Legge, non risulta contestata formalmente nel capo di imputazione, e di essa neppure viene fatto cenno nella parte motiva della sentenza, nella narrativa dei fatti contestati all'imputato. Inoltre, la sentenza impugnata non contiene alcun riferimento ad effetti intossicanti o pericolosi per la salute, che siano stati accertati in concreto. Né il giudice di merito ha fatto menzione dell'eventuale esecuzione di esami di laboratorio dall'esito dei quali possano essere dedotti effetti intossicanti o comunque elementi determinanti un pericolo concreto di danno alla salute, derivanti dal consumo del sedano in questione. Ne consegue la nullità della sentenza impugnata per quanto attiene alla ritenuta aggravante della frode tossica ed al conseguente trattamento sanzionatorio, nonché per quanto concerne la disposta pena accessoria della pubblicazione della sentenza di condanna. Pertanto, la sentenza impugnata deve essere annullata limitatamente alla ipotesi della frode tossica con rinvio al Tribunale, mentre nel resto i ricorsi devono essere rigettati.

Sez. 3, Sentenza n. 5975 del 2013, in www.cortedicassazione.it.

Se nel corso di attività ispettive o di vigilanza, si debbano eseguire analisi di campioni per le quali non sia prevista la revisione (analisi non ripetibili), l'organo procedente deve anche oralmente dare avviso all'interessato dell'ora e del luogo di effettuazione delle analisi, in funzione del diritto di presenziare alle stesse, eventualmente con l'assistenza di un consulente tecnico.

In questa ipotesi, la norma di riferimento è l'art. 223 delle disposizioni di coordinamento del cod. di proc. pen., riferibile anche alle ipotesi in cui la revisione dell'analisi è generalmente e normativamente prevista, ma non sia materialmente possibile per la deperibilità dei campioni da analizzare. Nonostante la sua collocazione nelle norme attuative del codice di procedura penale, la disposizione ha una valenza generale, come si evince, sia dal suo tenore letterale, che fa riferimento anche ad accertamenti estranei al processo penale, sia dalla circostanza che, al momento in cui gli accertamenti si svolgono, non è dato sapere se essi possano evidenziare un illecito penale o amministrativo. Quindi, detta norma è applicabile anche alle analisi di campioni finalizzate a verificare l'esistenza di illeciti puniti con sanzioni amministrative (si veda Cass. Civ., sez. sez I, n. 9282, 03.09.1999, in C.E.D.)

L'impossibilità materiale di procedere alla revisione delle analisi va riferita non solo nell'ipotesi di sostanze alimentari deteriorabili, ma ad ogni caso in cui, anche per aspetti contingenti, si determini l'indisponibilità di ulteriori aliquote del campione prelevato, dovendosi allora procedere, quando non sia neppure praticabile la ripetizione dell'analisi limitatamente ai parametri risultati non conformi, che richiede comunque il frazionamento del reperto in aliquote (si veda art. 4 D.Lgs. 3.3.1993 n. 123 e D.M. 16.12.1993) con il sistema individuato dall'art. 223 delle norme di attuazione al nuovo cod. proc. pen., anche ai soli fini dell'accertamento di violazioni amministrative (si veda Cass. Civ., sez. I, n. 11234, 07.11.1998, in C.E.D.).

"In materia alimentare, il mancato invio dell'avviso del risultato delle analisi effettuate sul campione di sostanza alimentare non integra una violazione del diritto di difesa, atteso che tale comunica-

zione rileva al solo fine della decorrenza del termine per la presentazione dell'istanza di revisione, decorrente, in assenza del predetto avviso, dall'atto successivo avente valore equipollente".
Sez. 3, n. 11567 del 08/03/2006 Ud. (dep. 31/03/2006) Rv. 233567, conformi Sez. 3, n. 45551 del 15/11/2001 Ud. (dep. 21/12/2001) Rv. 220843.

Sul punto la Corte ha ritenuto che l'omessa notifica del referto, da cui far decorrere il termine di legge per la richiesta di revisione delle analisi, può essere surrogata dalla notifica degli atti giudiziari dai cui fatti reato si può desumere l'esito sfavorevole delle analisi.

Bisogna prestare attenzione, al fatto che per gran parte degli illeciti in materia di leggi sugli alimenti viene emesso un Decreto penale di condanna a carico del legale rappresentante, identificato al moneto dell'accertamento. Il Decreto è il primo atto giudiziario.

Sul punto si è formata una costante giurisprudenza secondo cui in tema di analisi di campioni nel corso di attività ispettiva e di vigilanza per le quali non sia prevista la revisione, il mancato rispetto delle formalità volte a garantire la partecipazione della parte interessata al procedimento di analisi dei campioni prelevati con riferimento ad alimenti deperibili rende inutilizzabili i risultati, e i relativi verbali non possono essere acquisti nel fascicolo del dibattimento (si veda, ad es., Cass sez 3 19.11.2009 n. 2360, 10.2.2010 n. 15372).

Si è anche precisato in proposito che il mancato rispetto di tale formalità costituisce una nullità a regime intermedio di cui all'art. 180 c.p.p., con la conseguenza che, ove non venga ritualmente dedotta, ovvero dopo la deliberazione della sentenza di primo grado, deve ritenersi legittima l'acquisizione da parte del giudice del certificato di analisi, che , riguardando sostanze deperibili, deve essere considerato, al pari del verbale di prelievo dei campioni, atto irripetibile compiuto dalla P.G. che può essere, come tale, inserito nel fascicolo del dibattimento ed utilizzato come mezzo di prova. (Cass sez 3, 6.10.2010 n. 36695, rv 248527, 28.6.06 n. 37400).

Quindi l'obbligo dell'avviso all'interessato delle operazioni di analisi sui campioni prelevati, sussiste solo quando si tratti di alimenti deteriorabili mentre per quelli non deteriorabili tale avviso non è previsto essendo consentita la possibilità di revisione degli accertamenti.

ANALISI DI REVISIONE DOPO LA DATA DI SCADENZA

Le analisi di revisione su campioni di prodotti alimentari sono utilizzabili anche se eseguite dopo la data di scadenza dell'alimento se riscontrano germi patogeni (nel caso di specie Salmonella), la cui presenza è indipendente dal tempo di durabilità del prodotto stesso, perché deriva dalla fase di lavorazione.

Il Tribunale ha dichiarato la responsabilità del titolare dell'impresa per il reato di cui alla L. n. 283 del 1962, art. 5, lett. d), poiché deteneva presso la propria ditta di produzione di carni avicole, alcuni involtini di pollo con presenza di Salmonella spp.

La difesa ha proposto ricorso sostenendo che le analisi di seconda istanza, effettuate sui campioni prelevati presso la ditta dell'imputato, dovevano essere considerate nulle, in quanto eseguite dopo la scadenza del prodotto.

La Corte ha ritenuto la censura priva di pregio.

Rilevasi, infatti, che nei predetti involtini fu riscontrata la presenza di germi del genere "Salmonella spp", per cui al prevenuto fu contestato il reato L. n. 283 del 1962, ex art. 5, lett. d).

Va osservato che la data di scadenza del prodotto è apposta nel confezionamento di esso per rendere edotto l'acquirente del termine entro il quale l'alimento va consumato, ma non può avere nessun collegamento con la presenza di germi di salmonella che in esso si dovessero rinvenire a seguito di analisi, in quanto detti germi non si instaurano nella carne avicola allo scadere del detto termine di consumazione, ma è evidente che sono insiti in essa sin dalla fase di lavorazione del prodotto medesimo, precedente alla messa in vendita, a causa della non igienicità delle attrezzature e dell'ambiente di lavoro.

Peraltro il giudice di merito ha richiamato le dichiarazioni rese dai verbalizzanti, che procedettero al prelevamento a campione sulle merci, dalle quali emerge che a carico della ditta xxx era stata da poco disposta una sospensione della attività produttiva, per la durata di giorni 5, al fine di consentire una radicale revisione del piano di autocontrollo aziendale, giudicato inadeguato, tramite una rivalutazione dei rischi per la salute, nonché la riformulazione delle procedure produttive per la selezione delle materie prime, il lavaggio e la disinfezione dei locali e delle attrezzature, il controllo microbiologico della produzione e dell'ambiente di lavoro. La ditta era già stata, inoltre, classificata "ad alto rischio igienico" ed era, perciò, sottoposta a periodici controlli.

Sez. 3, Sentenza n. 10527 del 2012, in www.cortedicassazione.it..

ANALISI NON RIPETIBILI

L' impossibilità di revisione delle analisi si riferisce solo a quelle microbiologiche e non a quelle aventi ad oggetto la ricerca di additivi chimici, considerato che tali residui sono rinvenibili anche a distanza di tempo.

L'art. 223, comma primo, disp. att. cod. proc. pen. in materia di analisi irripetibili si applica soltanto all'accertamento dell'esistenza e della quantità di sostanze organiche o, comunque, deperibili da rinvenire in alimenti deperibili.

Nel caso in cui le analisi siano state eseguite in vigenza di un regime modificato da norme entrate in vigore successivamente, le stesse sono utilizzabili anche se la nuova disposizione normativa è più favorevole, in base al principio "tempus regit actum", principio che non consente di ritenere privo di effetti l'atto legittimamente formatosi ed acquisito al processo sulla scorta delle disposizioni processuali vigenti al momento del suo compimento.

Il Tribunale dichiarava responsabile della contravvenzione di cui alla L. 30 aprile 1962, n. 283, art. 5 lett. a) e art. 6 il legale rappresentante di una Azienda Agricola, per avere, fatto macellare un bovino, destinato all'alimentazione umana, trattato con ossitetraciclina (antibiotico con attività antibatterica ad ampio spettro), sostanza presente nell'animale e rinvenuta a seguito di analisi eseguite sul campione prelevato, in misura superiore ai limiti fissati dal Regolamento CE n. 2377/90 (2,9 mg/kg), con conseguente modificazione della composizione naturale delle carni dell'animale destinato all'alimentazione umana. Ha proposto ricorso per cassazione l'imputato chiedendo l'annullamento della sentenza impugnata.

Il ricorrente impugna, ai sensi dell'art. 586 c.p.p., l'ordinanza pronunciata nel corso dell'udienza dibattimentale del 18 maggio 2007 con la quale erano stati acquisiti agli atti, su richiesta del P.M. i risultati degli accertamenti svolti dall'A.S.L. e dall'Istituto di Zooprofilassi per violazione dell'art. 191 c.p.p..

Deduce il xxx che gli accertamenti svolti dall'ASL e dell'Istituto di Zooprofilassi non avrebbero potuto essere utilizzati per fondare un giudizio di colpevolezza in quanto si trattava di prove acquisite in violazione dei divieti stabiliti dalla legge.

Rileva il ricorrente che il Decreto del Ministero della Sanità del 16 dicembre 1993, (pubblicato in Gazz. Uff. 28 dicembre 1993, n. 303), definisce la carne come alimento deteriorabile e che la L. n. 123 del 1993, art. 4 dispone che per i controlli e le analisi relative a sostanze e prodotti deteriorabili è necessario seguire la procedura di cui all'art. 223 disp. att. c.p.p..

Secondo la procedura indicata da tale norma l'autorità che procede agli accertamenti, nell'ipotesi in cui risulti una non conformità, deve dare immediatamente comunicazione all'interessato, indicando il luogo, il giorno e l'ora in cui le analisi verranno ripetute limitatamente ai parametri risultati difformi.

Tale procedura non era stata seguita nel caso in esame, in quanto il veterinario dell'ASL, intervenuto per effettuare i controlli di routine sulle carni macellate, aveva inviato le aliquote di carne all'Istituto di Zooprofilassi che aveva effettuato le analisi e i controlli.

Era stata quindi seguita la procedura prevista dalla L. n. 283 del 1962 per gli alimenti non deteriorabili, anziché quella di cui al D.Lgs. n. 123 del 1993, art. 4 prescritta espressamente per i controlli microbiologici sugli alimenti deteriorabili. Né era ammissibile rimettere alla prassi di un laboratorio di analisi l'esatta e corretta interpretazione di una norma di legge, come aveva fatto il giudice di primo grado, accogliendo l'interpretazione della normativa come offerta dal teste F. G., il quale aveva affermato che la normativa era applicabile solo per i controlli microbiologici da ritenersi irripetibili, mentre dovevano invece ritenersi ripetibili i controlli di carattere chimico, anche se comportavano l'uso di microrganismi per eseguire le analisi.

Secondo il ricorrente l'interpretazione della norma eseguita dal giudice di primo grado era arbitraria e non suffragata da alcun elemento in fatto o in diritto.

Rileva in proposito il ricorrente che il citato D.Lgs. n. 123 del 1993, art. 1 riservato alle definizioni, non specifica alcunché circa i controlli microbiologici. Pertanto in una prospettiva di massima garanzia, a fronte del silenzio del legislatore, devono ritenersi irripetibili non solo i controlli in cui vengono ricercati microrganismi, ma anche quelli in cui vengono utilizzati microrganismi per le analisi.

Sotto altro profilo doveva rilevarsi che il metodo di analisi impiegato dall'Istituto di Zooprofilassi era stato indicato dai testimoni sentiti in giudizio come un metodo interno all'Istituto e non codificato.

Non si trattava infatti di un procedimento ufficiale, né conosciuto o condiviso da tutti i laboratori di analisi e quindi non era tale da poter essere controllato e verificato da terzi. Non presentava quindi alcuna garanzia di attendibilità e di verificabilità.

Il motivo è infondato. Preliminarmente si osserva che il D.Lgs. 3 marzo 1993, n. 123, art. 4 attuativo della direttiva 89/397/CEE relativa al controllo ufficiale dei prodotti alimentari che ha ad oggetto "particolari tipologie di alimenti e modalità di analisi", con riferimento ai controlli microbiologici dei prodotti alimentari deteriorabili richiama le procedure di cui all'art. 223 disp. att. c.p.p. senza ulteriore specificazione.

Per quel che attiene alla dedotta irripetibilità delle analisi, con conseguente necessità di applicazione della procedura più garantista prevista dall'art. 223 disp. att. c.p.p., comma 1 per le analisi non ripetibili in luogo di quella applicata nel caso in esame e relativa alle analisi ripetibili (art. 223 disp. att. c.p.p., comma 2), questa Corte ritiene che l'impossibilità di revisione si riferisce sol-

tanto alle analisi microbiologiche e non anche a quelle aventi ad oggetto la ricerca di additivi chimici (v. per tutte Cass. sez. 3 pen. 20 novembre 2003, n. 1068 e Cass. pen. sez. 3 sent. 17 maggio 2007, n. 28946) in quanto tali residui sono rinvenibili negli alimenti deperibili anche a distanza di tempo.

La circostanza secondo cui l'analisi è stata eseguita con l'uso di microorganismi, al fine di accertare l'esistenza e la quantità della ossitetraciclina nella carne non comporta, a giudizio del Collegio, un mutamento della disciplina applicabile, atteso che si tratta di microorganismi di volta in volta reperiti ed utilizzati dagli incaricati dei laboratori al fine delle analisi che possono essere ripetute con l'utilizzo di analoghi microrganismi.

La procedura di urgenza che giustifica il ricorso all'art. 223 disp. att. c.p.p., comma 1 si riferisce, quindi, soltanto all'accertamento dell' esistenza e della quantità di sostanze organiche o comunque deperibili da rinvenire in alimenti deperibili, (ossia a controlli di tipo microbiologico, finalizzati a verificare la presenza di batteri nel campione) e non all'accertamento di sostanze chimiche non deperibili, la cui presenza può essere riscontrata anche nel prodotto congelato e che, comunque, sopravvivono per lungo tempo allo stesso deperimento del prodotto contaminato, come in caso di sostanza inibente di tipo antibiotico il cui quantitativo, rilevabile nel campione, anche a distanza di tempo, corrisponde comunque a quello immessovi. Va quindi respinto il secondo motivo di ricorso.

Con il terzo motivo il ricorrente deduce che il metodo di analisi impiegato dall'Istituto di Zooprofilassi non era un procedimento ufficiale, né conosciuto o condiviso da tutti i laboratori di analisi e quindi non era tale da poter essere controllato e verificato da terzi.

Non rispondeva inoltre ai requisiti prescritti dal regolamento CE n. 882 del 2004 e non presentava quindi alcuna garanzia di attendibilità e di verificabilità. Anche il terzo motivo è infondato.

In primo luogo, il Collegio osserva che, come ha correttamente rilevato il primo giudice, il regolamento CEE n. 882 del 2004 è in vigore soltanto dal 1 gennaio 2006, in epoca successiva a quella in cui sono state eseguite le analisi e quindi non è applicabile nel caso in esame.

Per quel che attiene all'attendibilità dei risultati delle analisi sono condivisibili, in quanto logiche ed esaustive, le argomentazioni del giudice di merito il quale ha rilevato che i macroscopici risultati positivi delle analisi, con le quali è stata accertata la presenza di ossitatriciclina in quantità superiore di circa ventinove volte il limite massimo consentito dal regolamento CE n 2377/90 (2,9 mg/kg a fronte di 0,1 mg/kg consentito), non lasciano spazio a margini di incertezza circa il superamento da parte del ricorrente dei limiti di tollerabilità di detta sostanza specificati nel Regolamento CE n. 2377 del 1990.

Va quindi respinto anche il terzo motivo di ricorso. Il rigetto del secondo e terzo motivo del ricorso, in considerazione della ritenuta legittimità della procedura di analisi del prodotto oggetto del capo di imputazione, assorbe il quarto motivo, con il quale il ricorrente chiede che le prove documentali contenute nelle risultanze delle analisi e dei controlli siano dichiarate non utilizzabili e inammissibili.

Con il quinto motivo il ricorrente prospetta due censure. Con la prima censura lamenta la mancanza, la contraddittorietà e la manifesta illogicità delle motivazioni dell'impugnata sentenza deducendo che il giudice di primo grado aveva attribuito alla deposizione della teste F., (dipendente dell'Istituto di Zooprofilassi), piena ed incondizionata attendibilità, mentre aveva ingiustificatamente ritenuti privi di rilievo sia la testimonianza che il parere pro veritate resi dal prof M.. Secondo il ricorrente era illogico aver ritenuto un metodo empirico e non riconosciuto sul piano internazionale maggiormente affidabile di quello riconosciuto da protocolli internazionali. Con la seconda censura il ricorrente deduce che non era condivisibile l'affermazione contenuta nella sentenza impugnata, secondo cui il regolamento CE sarebbe entrato in vigore soltanto dal 1 gennaio 2006 mentre l'art. 67 di tale regolamento ne dispone l'entrata in vigore il ventesimo giorno successivo alla pubblicazione nella GUE, (pubblicazione avvenuta il 28 maggio 2004).

Ritiene l'imputato che l'applicazione del regolamento CE n. 882 del 2004 era stata differita alla promulgazione del regolamento CE n. 2076 del 2005, ma non la sua vigenza che decorre dal ventesimo giorno dalla sua pubblicazione sulla GU ed è vincolante per tutti in quanto le norme applicative servirebbero solo a colmare le lacune delle norme interne nella misura in cui esse siano indispensabili alla corretta esecuzione dei regolamenti comunitari.

Secondo il ricorrente il Tribunale, a fronte dell'entrata in vigore del regolamento CE n. 882/2004, avrebbe quindi dovuto verificare l'esistenza o meno nell'ordinamento nazionale di disposizioni interne conformi all'atto comunitario e, solo in caso di inesistenza di tali norme, avrebbe potuto ritenere non applicabile il regolamento comunitario in attesa dell'emanazione di regolamenti applicativi. Anche il quinto motivo è infondato.

Per quel che attiene alla prima censura, del quinto motivo, in ordine alla valutazione degli elementi probatori, il Collegio rileva che, in ordine agli stessi, il Tribunale ha fornito adeguata e logica motivazione rilevando che non vi fosse motivo di dubitare di quanto affermato dal teste F. circa la prassi normalmente seguita dall'Istituto Zooprilattico di congelare immediatamente i campioni giunti per le analisi, (accortezza peraltro necessaria solo per i controlli di tipo microbiologico, ossia finalizzati a verificare la presenza di batteri nel campione e non per la ricerca di sostanze inibenti di tipo antibiotico).

Ha poi rilevato, per quel che attiene al rischio prospettato dal prof. M. circa la possibilità di errori commessi dagli analisti, che si trattava di una mera congettura, inidonea a comprovare che, nel caso in esame, le analisi possano essere state compromesse da inadeguata procedura, considerata anche la particolare competenza degli analisti che avevano eseguito l'accertamento. Alla luce della adeguata motivazione eseguita dal Tribunale circa la valutazione degli elementi probatori posti a fondamento della sentenza impugnata, il motivo si traduce quindi in una ingiustificata richiesta a questa Corte di rivalutare gli elementi di merito non consentita in questa sede di legittimità.

Secondo consolidata giurisprudenza di questa Corte, (v. per tutte Cass. Pen. Sez. 5 sent. 25 settembre 2007, n. 39048) in tema di motivi di ricorso per cassazione, anche a seguito delle modifiche dell'art. 600 c.p.p., comma 1, lett. e) ad opera della L. n. 46 del 2006, art. 8 non è infatti consentito al giudice di legittimità di sovrapporre la propria valutazione delle risultanze processuali a quella compiuta nei precedenti gradi di merito. Va quindi respinta la prima censura del quinto motivo.

Per quel che attiene alla seconda censura del quinto motivo il Collegio rileva che l'art. 67 del regolamento CE del 29 aprile 2004 n. 882 pubblicato sulla G.U.E. del 30 aprile 2004, n. 165 prevede espressamente che detto regolamento si applica dal 1 gennaio 2006 e, a sua volta, il regolamento della Commissione n. 2076 del 5 dicembre 2005 che fissa, tra l'altro, disposizioni transitorie del regolamento CE n. 882 del 2004, all'art. 22, prevede espressamente la sua applicazione dal 1 gennaio 2006.

Considerato che i regolamenti CE hanno efficacia diretta nell'ordinamento degli stati membri, il Collegio rileva che tale diretta applicazione è stata espressamente fissata dal regolamento stesso a decorrere dal 1 gennaio 2006.

Rimane quindi indifferente, ai fini della presente decisione, la distinzione operata dal ricorrente tra entrata in vigore del regolamento e sua applicazione atteso che la prima comporta solo l'obbligo per gli stati membri di adeguare le proprie strutture interne al fine di rendere operativo il regolamento al momento della sua applicazione che nel caso in esame è stata fissata, come sopra esposto, soltanto a decorrere dal 1 gennaio 2006. Siccome le analisi di cui al capo di imputazione sono state completate nel maggio del 2005 e quindi in data anteriore all'applicazione del regolamento CE n. 882 del 2004, va respinta anche la seconda censura del quinto motivo di ricorso.

Con il sesto motivo il ricorrente rileva che anche a voler ritenere non applicabile il regolamento CE al momento delle analisi esso era applicabile comunque al momento della decisione. (17 settembre 2007). Deduce in proposito il ricorrente che, in ossequio al principio della norma penale più favorevole, il Tribunale avrebbe dovuto valutare la condotta serbata dagli accertatori, nel corso delle analisi, alla luce delle normative più garantiste e rigorose emesse dall'Unione europea rispetto a quelle nazionali. Anche il sesto motivo è infondato.

In materia di atti processuali esauriti trova infatti applicazione il principio consolidato secondo cui "tempus regit actum". Conseguentemente quando mutano le norme processuali o comunque le norme che si riverberano sulle norme processuali o comportino modifiche nei metodi di acquisizione della prova, in mancanza di una disciplina transitoria che detti disposizioni diverse, deve trovare applicazione il fondamentale principio di diritto intertemporale, secondo il quale " tempus regit actum", principio che non consente di ritenere decaduto e privo di effetti l'atto legittimamente formatosi ed acquisito al processo sulla scorta delle disposizioni processuali vigenti al momento del suo compimento (v. in proposito per tutte Cass. Pen. Sez. 6 sent. 24 ottobre 1997, n. 11984).

Siccome nel caso in esame, per le ragioni suesposte con riferimento ai precedenti motivi, l'accertamento in ordine alla presenza di ossitetraciclina in misura superiore ai limiti fissati dal regolamento CE n. 2377 del 1990 è stato legittimamente eseguito nel procedimento di primo grado, va respinto anche il sesto motivo di ricorso.

Sez. 3, Sentenza n. 10728 del 2009, in C.E.D., Rv. 243093.

In tema di prelievo di campioni finalizzato alle successive analisi chimiche e preordinato alla tutela delle acque dall'inquinamento, occorre distinguere tra prelievo inerente ad attività amministrativa disciplinato dall'art. 223 disp. att. c.p.p. e prelievo inerente ad attività di p.g. nell'ambito di un'indagine preliminare, per il quale è applicabile l'art. 220 disp. att. c.p.p. Per quest'ultima ipotesi, operano le norme di garanzia della difesa previste dal codice di rito, mentre, per la prima, i diritti della difesa devono essere assicurati solo laddove emergano indizi di reato, nel qual caso l'attività amministrativa non può più definirsi "extra processum", si veda Cassazione penale, sez. III, 12/11/2014, n. 10484, in CED Cassazione.

ANISAKIS

Il distributore o il venditore di alici fresche contaminate da parassiti appartenenti alla famiglia ANISAKIDAE, risponde, a titolo colposo, del reato di cui alla L. 30 aprile 1962, n. 283, art. 5, lett. d), se non effettua il prescritto autocontrollo. Nel caso, l'autocontrollo non può essere effettuato in modo sommario ed approssimativo su di un numero esiguo di esemplari.

Il giudice del tribunale di Torino ha dichiarato l'imputato colpevole del reato di cui alla L. 30 aprile 1962, n. 283, art. 5, lett. d), per aver posto in vendita, o comunque distribuito, per il consumo alici fresche contaminate da parassiti appartenenti alla famiglia ANISAKIDAE, senza aver effettuato il prescritto autocontrollo, e lo ha condannato alla pena dell'ammenda di Euro 2.000.

L'imputato, propone ricorso per cassazione.

È... risultato che i due ispettori effettuarono un controllo visivo delle alici detenute per la vendita. Prelevarono quindi dal bancone talune alici che provvidero ad eviscerare aprendone la cavità addominale e, dopo pochi minuti dall'eviscerazione, si manifestarono delle larve di anisakis che erano vive e vitali, e pertanto, potenzialmente pericolose per la salute. Venne quindi prelevato un ulteriore campione di alici, e le successive analisi svolte dall'istituto Zooprofilattico accertarono che le larve visibili e vitali che erano presenti nelle alici sequestrate, erano della famiglia degli Anisakis.

Il ricorrente sostiene ora che l'appartenenza al genere delle Anisakis non sarebbe significativo, perché soltanto due delle relative specie sarebbero patogene. Trattasi di una eccezione di merito che non può essere svolta per la prima volta dinanzi a questa Corte di legittimità e che comunque è generica, perché non viene nemmeno indicato di quale specie non pericolosa si sarebbe trattato. La motivazione sul punto non appare manifestamente illogica perché parla di larve di parassiti potenzialmente pericoli, e non è smentito che le larve di anisakis sono appunto potenzialmente pericolose.

Le medesime considerazioni possono essere fatte in ordine alla censura secondo cui le larve sarebbero state trovate nei visceri delle alici e quindi in una parte non edibile. Si tratta anche qui di una censura in fatto non proponibile (per di più per la prima volta) in questa sede. Del resto il fatto che le larve si trovassero nei visceri delle alici non esclude di per sé la loro potenziale pericolosità.

Il giudice, sempre con un apprezzamento di fatto adeguatamente e congruamente motivato, e quindi non censurabile in questa sede, ha messo in rilievo che le larve dei parassiti vivi e vitali si manifestarono dopo pochi minuti dalla eviscerazione, e in particolare si manifestarono ictu oculi come attive e vitali. Non è pertanto censurabile la sua valutazione che si trattava di alici "manifestamente infestate da parassiti".

È congrua ed adeguata anche la motivazione sull'elemento soggettivo, individuato nella colpa consistita nel non avere l'imputato effettuato l'autocontrollo richiesto dalla normativa dopo l'acquisto delle due casse di alici al mercato ittico all'ingrosso e prima di porle in vendita. Il giudice invero ha osservato che di tale autocontrollo non vi era alcuna prova, perché l'imputato non era stato in grado di produrre la scheda di autocontrollo né al momento dell'ispezione dell'Asl né in dibattimento.

Il giudice, ad abundantiam, ha altresì osservato che quand'anche fosse vero quanto affermato dall'imputato a sua difesa, e cioè che avrebbe effettuato il controllo, tramite eviscerazione di quattro- cinque esemplari, su due cassette acquistate, ciò non sarebbe stato sufficiente ad escludere il suo comportamento colposo. E ciò perché - specie trattandosi di prodotti ittici, quali le alici, in cui spesso sono presenti larve parassitarie della famiglia degli anisakidi - il controllo non sarebbe stato compiuto su un numero sufficientemente rappresentativo di campioni, tale, cioè, da consentire di verificare in modo effettivo che le alici poste in vendita fossero prive di parassiti. Con congrua motivazione, quindi, il giudice ha valutato che il comportamento del prevenuto non appariva conforme alla normativa vigente, né idoneo a manifestare la sua buona fede nella verifica della presenza di parassiti, prima della immissione in vendita del pesce acquistato, essendosi limitato ad effettuare un controllo sommario ed approssimativo su un numero assolutamente esiguo di esemplari.

Sez. 3, Sentenza n. 3399 del 2015, in www.cortedicassazione.it

La sentenza è conforme ai precedenti della stessa Corte in argomento Anisakis. In particolare, Cassazione penale, sez. III, 03/12/2008, n. 2121 che cita, per uniformarsi, Cassazione penale, sez. III, n. 15185. Nelle sentenze la Corte afferma, in proposito, con particolare riguardo ai prodotti della pesca, che l'esistenza di controlli pubblici, sia pure sistematici, finalizzati a garantire l'igienicità delle operazioni di cattura e di successiva commercializzazione dei suddetti prodotti, non sottrae i commercianti al generale dovere di porre in essere ogni opportuna precauzione idonea ad evitare l'immissione sul mercato di prodotti dannosi o, comunque, non conformi a legge, (nella specie si trattava proprio di vendita di pesci invasi da parassiti).

L'anisakiasi è una malattia zoonosica (infettiva o parassitaria degli animali) che può essere trasmessa all'uomo tramite altri organismi vettori o per ingestione di alimenti infetti. È portata dalle larve di alcune specie di nematodi appartenenti alla Famiglia ANISAKIDAE, presenti nelle carni e visceri dei prodotti ittici.

La malattia è conseguente al consumo di prodotti ittici crudi o poco cotti contenenti le larve dei suddetti parassiti.

All'EFSA, Autorità europea per la sicurezza alimentare, è stato chiesto di valutare i rischi per i consumatori derivanti da parassiti potenzialmente presenti nei prodotti ittici; valutare i trattamenti alternativi volti a debellare i parassiti vivi e vitali nei prodotti ittici e valutare la loro efficacia rispetto ai metodi di congelamento.

L'autorità ha concluso che:

Parere scientifico sulla valutazione dei rischi dovuti alla presenza di parassiti nei prodotti ittici, adottato 11.03.2010.

L'unico parassita dei prodotti ittici che può provocare reazioni allergiche è il nematode Anisakis simplex e il fattore scatenante principale delle varie forme di allergia è l'infezione da larve vive e vitali. Una volta avvenuta la sensibilizzazione, la risposta agli allergeni del nematode può essere molto aggressiva e generare gravi allergie. Alcuni autori hanno dimostrato che un'infezione può provocare un episodio allergico concomitante in un soggetto sensibilizzato, e sostengono che questo sia il principale meccanismo all'origine della patologia. Tuttavia, altri ritengono che gli episodi allergici possano essere scatenati non solo dall'infezione, ma anche dall'esposizione all'allergene che rimane nell'alimento anche in assenza di larve vitali. L'epidemiologia delle differenti vie di innesco dell'episodio allergico è sconosciuta.

Tuttavia, generalmente si ritiene che il consumo di prodotti ittici contenenti larve vive e vitali di A. simplex presenti un rischio maggiore di allergia rispetto al consumo di prodotti ittici contenenti larve non vitali. Le diverse forme di allergia ad A. simplex sono relativamente comuni in alcune regioni della Spagna, ma raramente segnalate in altre parti d'Europa.

L'Autorità Europea con sede a Parma, precisa, inoltre, un concetto di cui si dovrebbe tener conto ai fini dell'integrazione dell'elemento psicologico della contravvenzione in argomento,

Tutti i pesci di mare e d'acqua dolce corrono il rischio di contenere larve di parassiti che possono destare preoccupazioni per la salute umana se tali prodotti vengono consumati crudi o poco cotti.

I trattamenti termici (congelamento e cottura) rimangono i metodi più efficaci per garantire l'eliminazione delle larve del parassita. I trattamenti che offrono una protezione analoga al congelamento (-20ºC per non meno di 24 ore) per sopprimere le larve di A. simplex includono il congelamento a -35ºC per almeno 15 ore o a -15°C per almeno 96 ore, fino al cuore del prodotto ittico, e il trattamento a caldo a >60ºC per almeno un minuto. Molti metodi tradizionali di marinatura e affumicatura a freddo non sono sufficienti ad annientare le larve di A. simplex.

Nel REGOLAMENTO CE 853/2004 ALL. III SEZ. VIII, Prodotti della pesca, CAPITOLO III, Lettera D, REQUISITI RELATIVI AI PARASSITI, vengono fornite le indicazioni per il trattamento dei prodotti ittici, da consumarsi crudi o poco cotti. Inoltre, gli operatori del settore alimentare devono assicurare che i prodotti della pesca siano sottoposti ad un controllo visivo alla ricerca di endoparassiti visibili prima dell'immissione sul mercato. Gli operatori non devono immettere sul mercato per il consumo umano i prodotti della pesca manifestamente infestati da parassiti.

Il REGOLAMENTO CE 2074/2005 che integra il REG. CE. 853/2004 stabilisce il concetto di parassita visibile, quello che per dimensioni, colore o struttura sia chiaramente distinguibile nei tessuti dei pesci.

Si forniscono indicazioni per il controllo visivo. Per «controllo visivo» s'intende l'esame non distruttivo di pesci o prodotti della pesca effettuato senza l'ausilio di strumenti d'ingrandimento ottico e in condizioni di buona illuminazione per l'occhio umano e, se del caso, anche mediante speratura. Per «speratura» s'intende, nel caso dei pesci piatti o dei filetti di pesce, l'osservazione controluce del pesce in una stanza buia, al fine di individuare la presenza di parassiti.

Il controllo visivo è effettuato su un numero rappresentativo di campioni. I responsabili degli stabilimenti a terra e le persone qualificate a bordo delle navi officina determinano, in funzione della natura dei prodotti della pesca, della loro origine geografica e del loro impiego, l'entità e la frequenza dei controlli. Durante la produzione, il controllo visivo del pesce eviscerato dev'essere effettuato da persone qualificate sulla cavità addominale, i fegati e le gonadi destinati al consumo umano. A seconda del metodo di eviscerazione utilizzato, il controllo visivo dev'essere eseguito: a) in caso di eviscerazione manuale, dall'addetto, in modo continuativo, al momento dell'estrazione dei visceri e del lavaggio; b) in caso di eviscerazione meccanica, per campionamento, effettuato su un numero rappresentativo di unità, costituito da almeno dieci esemplari per partita.

Il controllo visivo dei filetti o dei tranci di pesce dev'essere effettuato dagli operatori durante la preparazione successiva alla sfilettatura o all'affettatura. Qualora le dimensioni dei filetti o le tecniche di sfilettatura non consentano un controllo individuale, un piano di campionamento deve essere predisposto e tenuto a disposizione dell'autorità competente, a norma dell'allegato III, sezione VIII, capitolo II, punto 4, del Regolamento CE n. 853/2004. Qualora sia tecnicamente necessaria, la speratura dei filetti dovrà essere inclusa nel piano di campionamento.

Il REGOLAMENTO CE 1020/2008, modifica il Reg. 853/2004 ed estende gli obblighi relativi al controllo dei parassiti anche alla vendita al dettaglio.

Il pesce, perciò anche le alici, non possono essere consumate crude se non dopo il trattamento. Quindi, il congelamento a –20 gradi per almeno 24 ore.

Il Decreto Ministero della Salute del 17 luglio 2013, ha stabilito le indicazioni da riportare sul cartello: "Informazioni al consumatore per un corretto impiego di pesce e cefalopodi freschi. In caso di consumo crudo, marinato o non completamente cotto, il prodotto deve essere preventivamente congelato per almeno 96 ore a –18°C in congelatore domestico contrassegnato con tre o più stelle".

Stante ciò, il caso trattato nella sentenza in commento, riguarda la presenza di Anisakis nelle Alici.

Innanzi tutto, è stato chiarito che, nel primo grado di giudizio, quindi di merito, si era in presenza, in realtà, di un'invasione vera e propria, con il parassita visibile, per dimensioni, colore o struttura e chiaramente distinguibile nei tessuti dei pesci . Dagli studi scientifici dell'EFSA bisogna considerare che la presenza di Anisakis sia inevitabile, ma l'invasione è oltre la semplice presenza.

Non bisogna dimenticare che non esiste un limite legislativo di presenza del suddetto parassita, lo si ritiene, appunto, inevitabilmente presente. Quindi, la presenza è inevitabile e il consumo umano del pesce può essere effettuato solo dopo le citate operazioni di trattamento Non è necessario considerare integrato il reato di cui alla L. 30 aprile 1962, n. 283, art. 5, lett. d), come ritenuto nella sentenza in commento, anche sul presupposto del mancato prescritto e corretto autocontrollo, perché così si estende l'ambito di applicazione della norma penale oltre al caso previsto. Ciò, indipendentemente dal fatto che l'art. 6 del Decreto Legislativo n. 193/2007, preveda sanzioni amministrative a carico dei trasgressori dei precetti dettati nel Reg. CE 853/2004.

AUTOCONTROLLO

Tutti i protagonisti della catena di produzione e commercializzazione dei prodotti alimentari sono destinatari degli obblighi posti a tutela della qualità dei prodotti e della salute dei cittadini, nessuno dei protagonisti può invocare esigenze di natura commerciale come esimente rispetto a tali obblighi, dovendosi individuare, per ciascuno di loro, le condotte di cautela ragionevolmente esigibili nell'ambito di un bilanciamento dei diversi interessi, che il sistema normativo italiano chiaramente stabilisce, avendo come priorità la tutela del diritto fondamentale alla salute.

Ai fini della configurabilità del reato previsto dall'art. 5, lettera h), della legge 30 aprile 1962 n. 283, la responsabilità del grossista può essere esclusa solo ove, quantomeno periodicamente, siano stati eseguiti controlli a campione su ciascuna delle categorie di prodotti acquistati per la rivendita o sia stata richiesta al produttore la prova di tali indagini.

L'art. 5, lettera h), della legge 30 aprile 1962 n. 283 è una norma penale in bianco, che viene rivestita di contenuti in base a norme extrapenali integratrici del precetto penale, costituite da disposizioni emanate anche da autorità amministrative o sopranazionali. Ne consegue che, si tratta di norme aventi carattere eccezionale ed efficacia temporanea, per cui la punibilità della condotta non dipende dal momento in cui viene emessa la decisione ma dal momento in cui avviene l'accertamento, non potendo ad esse applicarsi l'art. 2 c.p., comma 2, e cioè la retroattività della legge più favorevole.

L'imputato è stato condannato con rito abbreviato in relazione alla contestata violazione della L. n. 286 del 1962, art. 5, lett. h), per avere venduto mele contenenti residui di prodotti tossici per l'uomo, in misura superiore a quella tollerata dalla normativa vigente. In particolare, le mele, provenienti da azienda il cui titolare è stato oggetto di separato procedimento, risultavano presentare 0,40 mg/kg di bromopropilato, a fronte di un limite di legge pari a 0,050 mg/kg.

Il bromopropilato è un acaricida selettivo utilizzato su pomacee e viti.

Sulla richiesta del Pubblico Ministero di mandare assolto l'imputato perché "il fatto non è più previsto come reato", il Giudice ha ritenuto sussistere la penale responsabilità.

Avverso tale sentenza propone ricorso.

Con primo motivo lamenta violazione dell'art. 606 c.p.p., lett. b), in relazione all'art. 2 c.p., comma 3, per errata applicazione della legge penale. Sostiene il ricorrente che la decisione impugnata risulta viziata dal momento che la normativa secondaria, che integra il precetto penale, ha reso il fatto contestato non più rilevante sul piano penale: con D.M. 27 agosto 2004, recettivo della disciplina fissata con la Direttiva 2004/59/CE, il limite relativo alla presenza di residui di bromopropilato negli alimenti è stato innalzato da 0,05 a 0,20 mg/kg, limite superiore a quello riscontrato negli alimenti oggetto del capo di imputazione, con conseguente applicazione della disposizione prevista dall'art. 2 c.p., comma 3. Con secondo motivo lamenta violazione dell'art. 606 c.p.p., lett. b), per inosservanza dell'art. 40 c.p., comma 2, e della L. n. 283 del 1962, art. 19, per avere erroneamente posto a carico del ricorrente obblighi non compatibili con l'attività svolta.

Con terzo motivo lamenta violazione dell'art. 606 c.p.p., lett. b), per inosservanza dell'art. 49 c.p., comma 2. Sostiene il ricorrente che la disposizione in esame non può essere qualificata come fattispecie di pericolo presunto e che non sussiste alcuna prova della concreta offensività della condotta addebitata, offensività che va anzi esclusa alla luce del limite, di ben 40 volte superiore, fissato con il D.M. dell'ottobre 2004.

Con atto del 24 Settembre 2007 la difesa del ricorrente ha depositato la sentenza con cui il Tribunale ha mandato assolto il Sig. xxx, inizialmente imputato nel medesimo procedimento con il ricorrente, accogliendo la tesi difensiva esposta nei ricordati motivi di ricorso.

Con riferimento al primo dei motivi di ricorso, deve rilevarsi che non può essere accolta la prospettazione secondo cui non si verserebbe in ipotesi di jus superveniens in quanto la disposizione che deve essere applicata al caso in esame sarebbe (pag. 7 del ricorso) la Direttiva 2004/59/CE, entrata in vigore il 16 maggio 2004; tale prospettiva contrasta con quanto lo stesso ricorrente afferma, in modo del tutto corretto, nella pagina precedente allorché riconosce che la Direttiva in parola "non è immediatamente applicabile nell'ambito della legislazione nazionale". In effetti, le direttive in materia rappresentano un riferimento obbligato per il legislatore nazionale, ma quest'ultimo non viene privato della possibilità di valutare i termini ed i tempi di attuazione dell'indicazione proveniente dalle istituzioni comunitarie, così che va escluso che le direttive richiamate dal ricorrente siano suscettibili di immediata applicazione da parte delle autorità giurisdizionali nazionali. Il fatto che la Direttiva in esame contenga indicazioni di dettaglio non può attribuire ad essa una efficacia diretta che il regime delle fonti preclude. 2. Così chiarito che il dato normativo potenzialmente applicabile al caso in esame non è la disciplina comunitaria richiamata dal ricorrente, ma la normativa nazionale che ne opera il recepimento, e cioè il D.M. 27 agosto 2004 (entrato in vigore il 15 dicembre 2004), la Corte ritiene che i nuovi e più elevati limiti introdotti da tale decreto non possano trovare applicazione alle condotte poste in essere in epoca anteriore.

Come ripetutamente affermato dal Giudice di legittimità, infatti, il principio di retroattività della norma più favorevole non opera allorché si sia in presenza di norme penali in bianco - ed in tale categoria rientra certamente la disposizione oggetto del presente procedimento (L. n. 286 del 1962, art. 5) - che fissano i confini fondamentali della fattispecie incriminatrice e rinviano a disposizioni provenienti da fonti diverse (quali la normativa internazionale o la normativa secondaria nazionale di natura tecnica) al fine di adeguare gli obblighi di legge all'evoluzione del contesto cui la legge stessa intende riferirsi.

In via generale la Corte di Cassazione ha più volte affermato il principio secondo cui "l'istituto della successione delle leggi penali (art. 2 cod. pen.) riguarda la successione nel tempo delle norme incriminatrici" tra le quali non rientrano "le vicende successorie di norme extrapenali che non integrano la fattispecie incriminatrice né quelle di atti o fatti amministrativi che, pur influendo sulla punibilità o meno di determinate condotte, non implicano una modifica della disposizione sanzionatoria penale, che resta, pertanto immutata e quindi in vigore. Ne consegue che la successione di norme extrapenali determina esclusivamente una variazione del contenuto del precetto con decorrenza dalla emanazione del successivo provvedimento e che, in tale ipotesi, non viene meno il disvalore penale del fatto anteriormente commesso" (si veda Terza Sezione Penale, sentenza n. 5457 del 19 marzo - 29 aprile 1999, PM in proc. Arlati, rv. 213456, in tema di successione di legge regionale in materia venatoria; Terza Sezione Penale, sentenza n. 18193 del 12 marzo - 14 maggio 2002, Pata, rv. 221943, in tema di normativa ministeriale sui centri trasfusionali in relazione al reato previsto dalla L. 4 marzo 1990, n. 107, art. 17).

Fin qui la sentenza riguarda la *jus superveniens*. Il tema, in materia di alimenti è stato più volte affrontato, senza soluzioni unitarie, fino all'intervento delle Sezioni Unite.

In un caso di superamento del limite di tolleranza relativo alla presenza, vietata, di residui di bromopropilato negli alimenti, era stato, successivamente al fatto, innalzato il valore riscontrato durante l'accertamento mediante analisi. In sostanza, il Decreto Ministeriale emanato in un momento successivo al riscontro, innalzava i valori dei residui di bromopropilato. La Cassazione ha ritenuto che, dal carattere eccezionale e dall'efficacia temporanea di tali disposizioni, dovesse conseguire la punibilità comunque della condotta. In pratica, la Corte, nella circostanza, aveva ritenuto che punibilità non dipende dal momento in cui viene emessa la decisione, ma dal momento in cui avviene l'accertamento, con esclusione dell'applicabilità del principio di retroattività della legge più favorevole.Sivedasez. 3, Sentenza n. 43829 del 16/10/2007 Ud. (dep. 2 6/11/2007)Rv. 238262 , in C.E.D. Corte di Cassazione.

Venendo alla specifica materia della tutela relativa ai prodotti alimentari, la Corte ha più volte affermato, come si vedrà, il medesimo principio. Non mancano, tuttavia, decisioni in senso contrario, come le due sentenze ricordate dal ricorrente, una in tema di limiti venatori (contrastante con la sentenza in proc. Arlati sopra ricordata) ed una in tema di alimenti (Sezione Terza Penale, n. 10203 del 19 giugno - 29 settembre 1998, Vincenzi, rv.

211838). Quest'ultima, andando consapevolmente di contrario avviso rispetto ad altre decisioni della Corte (quali la sentenza n. 1651 del 1998, Zani), ha affermato che la normativa amministrativa integrerebbe il precetto penale e sarebbe, quindi, soggetta all'applicazione del principio fissato dall'art. 2 c.p.. Va, tuttavia osservato, che la sentenza Vincenzi opera con riferimento ad una modifica radicale del precetto, operata attraverso la sostituzione del divieto assoluto di impiego del prodotto chimico con la fissazione di una soglia di tolleranza, e, inoltre, muove dall'assunto che la autorizzazione dell'impiego del prodotto si fondi su "una più perfezionata tecnica di verifica".

In ogni caso, indipendentemente dalle peculiarità del caso esaminato dalla sentenza Vincenzi, la prospettiva in essa accolta rappresenta una posizione minoritaria e la giurisprudenza più recente ha ribadito i principi in precedenza illustrati. Con riferimento all'ipotesi di commercio di sostanze alimentari nocive (art. 444 c.p.), la sentenza n. 19107 del 2006 della Sezione Prima Penale (sentenza del 16 - 30 maggio 2006, Tortora, rv. 234217) richiamando specifici precedenti ha espresso il seguente principio:

"... l'art. 444 c.p., è una norma penale bianco che viene rivestita di contenuti in base a norme extrapenali integratrici del precetto penale, costituite da disposizioni emanate anche da autorità amministrative o sopranazionali, e che nel caso di specie prevedono il divieto di commercializzazione di carne di bovino adulto, in base ad accertamenti scientifici che nei vari momenti storici indicano come pericolose per la salute determinate condizioni di età dell'animale, legate a fatti contingenti. Ne consegue che <u>si tratta di norme aventi carattere eccezionale ed efficacia temporanea, per cui la punibilità della condotta non dipende dal momento in cui viene emessa la decisione ma dal momento in cui avviene l'accertamento, non potendo ad esse applicarsi l'art. 2 c.p., comma 2, e cioè la retroattività della legge più favorevole.</u> (Per fattispecie analoghe Sez. 3^, 22 febbraio 2000 n. 3905, rv. 215952; Sez. 3^, 23 aprile 1986 n. 5231, rv. 173042)".

Si tratta di principio che questo Collegio condivide anche con-siderando che, nel settore che qui ci occupa, il modificarsi dei limiti di tolleranza della presenza di prodotti potenzialmente nocivi negli alimenti non risponde solo all'evoluzione dei parametri di valutazione del rischio (come ritenuto dalla sentenza Vincenzi), ma da una pluralità di fattori fra cui va compresa l'evoluzione dei medesimi prodotti, con la conseguenza che l'innalzamento o l'abbassamento dei livelli di tolleranza può rispondere non solo alla migliore qualità degli accertamenti, ma anche al mutare nel tempo degli stessi parametri di rischio per l'uomo con riferimento al medesimo prodotto.

Quanto al secondo dei motivi di ricorso, egregiamente argomentato e con correttezza di prospettazioni, la Corte ritiene che il ricorrente affronti problematiche di relazione tra il principio affermato dalla legge e la situazione di fatto che meritano di essere attentamente valutate.

Già la giurisprudenza citata dal ricorrente contiene il riferimento ai due contrastanti termini del problema: il divieto, da un lato, di trattare e commerciare prodotti non conformi alle caratteristiche legali; la concreta esigibilità, dall'altro, dell'ottemperanza al dettato normativo. Sostiene, dunque, il ricorrente che la quantità dei prodotti alimentari trattati e commercializzati ogni giorno ed i tempi di permanenza degli stessi nella sua disponibilità rendono impossibile un controllo che vada oltre le loro caratteristiche esterne, a tal proposito richiamando il riconoscimento che la stessa Corte (viene citata la sentenza della Sezione Sesta Penale, 18 marzo 1986, Zavagli) ha dato a questa realtà nel momento in cui per i commercianti all'ingrosso ha escluso il sussistere di una responsabilità penale con riferimento ai prodotti "che non rivelino esteriormente alcun vizio e per i quali l'analisi o qualsiasi appropriato controllo si risolverebbe, per l'estrema deperibilità del prodotto, nell'incommestibilità di esso e in pratica nell'impossibilità di immetterlo al consumo".

L'interpretazione in tal modo prospettata finirebbe per escludere in radice l'esistenza di qualsiasi effettivo obbligo di controllo e di ogni cautela in capo al commerciante all'ingrosso di prodotti ortofrutticoli, rendendo le esigenze del commercio del tutto prevalenti rispetto al bene tutelato dalla norma penale, e cioè la qualità degli alimenti come manifestazione del fondamentale diritto alla salute.

Una simile impostazione contrasta con l'evoluzione giurisprudenziale che nel tempo ha dato una interpretazione della legge particolarmente attenta alla tutela concreata del bene salute, come dimostrano le numerose decisioni che chiedono anche al commerciante all'ingrosso una particolare attenzione, che potremmo definire proporzionata alle sue possibilità economiche ed al volume della merce trattata. Si rinvia a tale proposito alle sentenze della Terza Sezione Penale n. 10571 del 22 maggio - 24 ottobre 1995, PM in proc. Deprimas, rv. 202703 e n. 4487 del 4 marzo - 15 aprile 1998, PM in proc. Costa, rv. 210700, che, annullando le decisioni assolutorie delle corti di merito, hanno riaffermato l'esistenza di obblighi di controllo in capo ai grossisti. In particolare, la seconda decisione afferma che il grossista non può limitare i controlli ai soli vizi di rilevabilità immediata, avendo l'obbligo di compiere gli opportuni e più impegnativi accertamenti che si rendono necessari a tutela del bene salute.

Tale ultima decisione supera la posizione espressa dalla medesima Sezione della Corte con la decisione Marconi e altro del 16 febbraio - 20 marzo 1996 (sentenza n. 2833, rv. 204864), secondo la quale il grossista poteva rispondere del reato in esame solo in presenza di una delle seguenti condizioni:

– conoscenza del vizio dell'alimento;
– rilevabilità del vizio al semplice esame esterno;
– esistenza di dubbi sul fornitore.

Ritiene, in conclusione, questa Corte, che l'attività dei grossisti si caratterizzi per un volume di affari e per tempi di smaltimento dei prodotti alimentari che, in presenza di merci deperibili, effettivamente non consentono sistematici e capillari controlli. Tuttavia, proprio la presenza di un elevato volume d'affari e le caratteristiche del commercio svolto consentono al grossista la programmazione di forme di verifica della qualità della merce trattata che non possono essere richieste al commerciante al dettaglio. In questo senso va richiamato il principio di diritto fissato dalla Terza Sezione Penale con la sentenza n. 37835 del 19 settembre - 22 ottobre 2001, Loggia e altri (rv. 220347), e cioè che la responsabilità del grossista "può essere esclusa solo ove, quantomeno periodicamente, siano stati eseguiti controlli a campione su ciascuna delle categorie di prodotti acquisiti per la rivendita o sia stata richiesta al produttore la prova di tali indagini". Ed infatti, <u>una volta stabilito che secondo la legge vigente tutti i protagonisti della catena di produzione e commercializzazione dei prodotti alimentari sono destinatari degli obblighi posti a tutela della qualità dei prodotti e della salute dei cittadini,</u>

nessuno dei protagonisti può invocare esigenze di natura commerciale come esimente rispetto a tali obblighi, dovendosi individuare per ciascuno di loro le condotte di cautela ragionevolmente esigibili nell'ambito di un bilanciamento dei diversi interessi che il sistema normativo italiano chiaramente stabilisce avendo come priorità la tutela del diritto fondamentale alla salute.

Quanto all'ultimo motivo di ricorso, la giurisprudenza di questa Corte è costante nel ritenere che il superamento dei limiti di tolleranza integri la fattispecie di reato senza che abbia alcun rilievo, ai fini della sussistenza dell'illecito, l'indagine sulla offesa in concreto del bene tutelato (si veda per tutte la recente decisione della Sezione Prima Penale n. 3532 del 17 - 30 gennaio 2007, Valastro, rv. 235904).

Sez. 3, Sentenza n. 43829 del 2007, in C.E.D., Rv. 238263 e 238262.

Le Sezioni Unite della Corte, in tema di successione di leggi penali, hanno affermato che la modificazione della norma extrapenale richiamata dalla disposizione incriminatrice esclude la punibilità del fatto precedentemente commesso se tale norma è integratrice di quella penale oppure ha essa stessa efficacia retroattiva (Sez. U, n. 2451 del 27/09/2007 - dep. 16/01/2008, Rv. 238197).

Integra il reato di cui all'art. 5, lettera g), L. 30 aprile 1962, n. 283, il cui elemento soggettivo si concretizza anche a titolo di sola colpa, la condotta del commerciante di prodotti alimentari sfusi che li immette sul mercato senza effettuare preventivi ed idonei controlli a campione, atti ad accertare la loro possibile immissione in commercio.

Un rappresentante legale dell'omonimo pastificio, è stato riconosciuto colpevole del reato di cui alla L. n. 283 del 1962, art. 5, lett. g) e art. 6. Risulta accertato, che nel prodotto alimentare in esame (Kg 25 di gnocchi di patate) vi era l'aggiunta di acido sorbico pari a 1.620 mg/Kg, quantità superiore a quella prescritta nel D.M. Sanità 27 febbraio 1996, n. 209. Ricorrevano, pertanto, nella fattispecie gli elementi costitutivi, soggettivo ed oggettivo, del reato de quo.

Per contro le censure dedotte nel ricorso sono infondate. In particolare va disatteso l'assunto difensivo, secondo cui non sussiste l'elemento soggettivo della *contravvenzione contestata, poiché l'acido sorbico era contenuto in un semilavorato già completamente rifinito, prodotto da una ditta esterna, alla cui esclusiva responsabilità andava ricondotto l'eventuale esubero della percentuale prescritta nel cit. D.M.. Al riguardo va evidenziato che nella fattispecie trattasi di contravvenzione, il cui elemento soggettivo si concretizza anche a titolo di solo colpa.*

Nel caso in esame la condotta colposa dell'imputato va individuata nella mancanza di preventivi ed idonei controlli a campione da parte del pastificio sul semilavorato contenente acido sorbico, fornito dalla srl yyy al pastificio suddetto, che provvedeva alla lavorazione finale e successiva commercializzazione del prodotto alimentare de quo, giurisprudenza di legittimità consolidata in materia: Cass. Sez. 4^ Sent. a 37835 del 22/10/01, rv 230347; Cass. Sez. 3^ Sent. n. 10571 del 24/10/95, ric. Diprimas; Cass. Sez. 3^ Sent. n. 2556 del 17/03/97, rv 202703; Cass. Sez. 6^ Sent. n. 12459 del 24/10/85.

Sez. 3, Sentenza n. 44016 del 2009, in C.E.D. Rv. 245264.

CATTIVO STATO DI CONSERVAZIONE

Condizioni igieniche precarie

L'inosservanza delle precauzioni igienico-sanitarie intese a garantire la buona conservazione del prodotto è di per sé sufficiente a integrare la contravvenzione di cui alla L. n. 283 del 1962, art. 5, lett. b), giacché, trattandosi di reato di pericolo presunto, non esige, per la sua configurabilità, un previo accertamento sulla commestibilità dell'alimento, né il verificarsi di un danno per la salute del consumatore. Il reato si consuma con la semplice detenzione, in luoghi destinati alla vendita al pubblico, delle sostanze alimentari in condizioni igieniche precarie.

Il Tribunale condannava il gestore di un ristorante/pizzeria alla pena di Euro 2.500 d'ammenda, colpevole d'avere detenuto per la somministrazione ai clienti prodotti ittici congelati in cattivo stato di conservazione, privi d'idoneo contenitore protettivo e a diretto contatto con ghiaccio e con altri alimenti preconfezionati.

Gli alimenti (pesce spada, coda di rospo e sogliole) erano detenuti in un congelatore a pozzetto, privi d'involucro protettivo e dell'imballaggio originario a diretto contatto col ghiaccio e con confezioni di altri prodotti. Da qui nasceva la contestazione di cattiva conservazione delle derrate da ascrivere, quanto meno, per colpa dell'imputato che aveva ammesso di avere eliminato il contenitore originario senza apporne altri involucri alle porzioni di pesce, da destinare alla cucina.

Proponeva ricorso per cassazione l'imputato denunciando violazione di legge; mancanza e vizio di motivazione:

- in relazione all'art. 45 cod. pen., all'art. 125 c.p.p., comma 3, e all'art. 111 Cost. per il mancato esame della deduzione difensiva sul caso fortuito desumibile dalle dichiarazioni dei due operanti secondo cui la confezione *originale si era rotta accidentalmente, sicché alcun addebito, neppure di natura colposa, poteva profilarsi a carico del ristoratore;*

- sulla ritenuta configurabilità del reato per l'insussistenza di un'offesa penalmente rilevante nella condotta contestatagli poiché non era stata accertata l'inosservanza di prescrizioni igienico- sanitarie intese a garantire la buona conservazione delle sostanze alimentari (il pesce era genuino e non contaminato da fattori patogeni).

In tema di disciplina igienica dei prodotti destinati all'alimentazione, la disposizione della L. n. 283 del 1962, art. 5, lett. b) (che vieta di detenere per la vendita sostanze alimentari in cattivo stato di conservazione) non si riferisce, a differenza delle ipotesi previste nelle successive lett. c) e d) alle sostanze alimentari già viziate o alterate, ma a quelle mal conservate e cioè mantenute in stato di non buona conservazione sotto il profilo igienico-sanitario per cui vi è il pericolo della loro contaminazione e alterazione.

Pertanto, l'inosservanza delle precauzioni igienico-sanitarie intese a garantire la buona conservazione del prodotto è di per sé sufficiente a integrare la contravvenzione di cui alla L. n. 283 del 1962, art. 5, lett. b), giacché, trattandosi di reato di pericolo presunto, non esige, per la sua configurabilità, un previo accertamento sulla commestibilità dell'alimento, né il verificarsi di un danno per la salute del consumatore (Cassazione Sezione 3 n. 5528, 23.03.1998, De Matteis, RV. 210747).

Infatti, con le disposizioni relative al confezionamento dei prodotti alimentari si è voluto garantire, a tutela della salute pubblica, la loro assoluta igienicità anche mediante il divieto di produrre e porre in commercio, senza che sia necessario il perfezionamento di una compravendita, alimenti in cattivo stato di conservazione. Ne consegue che il reato si consuma con la semplice detenzione in luoghi destinati alla vendita al pubblico (e tale era l'esercizio commerciale dell'imputato in cui è stata eseguita l'ispezione dei CC del NAS) delle sostanze alimentari in condizioni igieniche precarie. A tali criteri si è attenuto il giudice di merito, il quale ha osservato che gli eterogenei prodotti ittici sequestrati (pesce spada, code di rospo, sogliole) originariamente racchiusi in confezioni di grosse dimensioni sono stati privati dagli involucri e ricollocati nel frigo a pozzetto a diretto contatto gli uni con gli altri, con altri alimenti confezionati e col ghiaccio e ciò non è avvenuto per caso fortuito, come infondatamente asserito in ricorso, ma per precisa scelta dell'imputato che ha ammesso, come sottolineato in sentenza, "di non essere solito utilizzare nuove confezioni per il pesce surgelato una volta aperta la confezione originaria, per paura di incorrere in ulteriori problemi vista la complessità della normativa sulle confezioni alimentari".

Di conseguenza tale modalità di conservazione dei prodotti ittici integra il reato in esame.

Sez. 3, Sentenza n. 41074 del 2011, in www.cortedicassazione.it

Surgelamento

Configura il reato di detenzione di alimenti in cattivo stato di conservazione di cui all'art. 5, lett. b, L. 30 aprile 1962, n. 283, la detenzione di alimenti surgelati in violazione del disposto dell'art. 3 D.Lgs. 27 gennaio 1992, n. 110 (Attuazione della direttiva 89/108/CEE in materia di alimenti surgelati destinati all'alimentazione umana) e, in ogni caso, quando la loro congelazione o surgelazione sia avvenuta con modalità tali da non garantire la corretta conservazione del prodotto.

il Tribunale condannava l'amministratore unico di una ditta per il reato di cui alla L. n. 283 del 1962, art. 5, lett. B), perché, il 9 marzo 2005, deteneva della fesa di tacchino, da impiegare nella preparazione di alimenti e nella distribuzione per il consumo, in cattivo stato di conservazione, scaduta il 30 gennaio 2005 e lo condannava alla pena di euro diecimila di ammenda, oltre che al pagamento delle spese processuali.

Ha proposto ricorso per cassazione l'imputato.

Con un unico articolato motivo il ricorrente lamenta la violazione di cui all'art. 606 c.p.p., lett. b) ed e) in relazione alla L. n. 283 del 1962, art. 5 lett. b), al D.Lgs. n. 110 del 1992 ed all'art. 530 del codice di procedura penale.

Deduce il ricorrente che il Tribunale non aveva spiegato le ragioni per cui aveva ritenuto che la ditta xxx avesse operato in maniera illegittima e non conforme alle previsioni di cui al D.Lgs. n. 110 del 1992, art. 3, comma 2, secondo il quale il procedimento di surgelamento deve avvenire "senza indugio", atteso che il prodotto acquistato fresco in data 26 gennaio 2006 era stato surgelato in pari data.

A seguito di ciò il consumo non doveva più avvenire alla data di scadenza prevista per il prodotto fresco, (30 gennaio 2005), bensì entro un anno dal surgelamento e quindi entro il 30 gennaio 2006. Inoltre il ricorrente, dopo aver precisato che la ditta xxx era in possesso di regolare autorizzazione per la produzione ed il confezionamento di alimenti surgelati rilasciata in data 13 luglio 2004 ai sensi del D.Lgs. n. 110 del 1992, rileva che il procedimento attuato dalla ditta per surgelare il prodotto era conforme alla disciplina dettata dall'art. 3 della citata normativa attuativa della Direttiva Comunitaria n. 89/108 CEE.

Erano infatti state provate le ineccepibili condizioni igieniche degli stabilimenti interessati all'ispezione, la freschezza del prodotto e la qualità dello stesso, garantiti dal noto marchio A, nonché la rispondenza delle condotte a tutte le altre prescrizioni imposte dallo stesso D.Lgs. n. 110 del 1992.

Il Collegio rileva che il motivo è infondato.

Il D.L. n. 110 del 1992, art. 3, attuativo della Direttiva Comunitaria n. 98/108, come ha ricordato lo stesso ricorrente, prevede infatti che *"le materie prime destinate alla produzione di alimenti surgelati devono essere sane, in buone condizioni igieniche, di adeguata qualità merceologica e devono avere il necessario grado di freschezza. La preparazione dei prodotti da surgelare e l'operazione di surgelazione devono essere effettuate senza indugio, mediante attrezzature tecniche tali da contenere al minimo le modifiche chimiche, biochimiche e microbiologiche"*. In proposito il Tribunale, con adeguata motivazione, ha rilevato che il prodotto era stato surgelato pochi giorni prima della scadenza del prodotto fresco. Il procedimento di surgelamento si poneva quindi in netto contrasto con il disposto del citato del D.Lgs. n. 110 del 1992, art. 3, secondo cui la preparazione dei prodotti da surgelare e l'operazione di surgelamento debbono essere effettuate *" senza indugio"*, mediante attrezzature tali da contenere al minimo le modifiche chimiche, biologiche e microbiologiche.

Nel caso in esame, invece, si era surgelato un alimento fresco, già confezionato da altro produttore che aveva avuto tutto il tempo per essere confezionato, distribuito, commercializzato ed acquistato dalla stessa xxx.

Correttamente quindi il Tribunale ha ritenuto sussistente il mancato rispetto della prescrizione relativa alla tempestività dell'operazione di surgelamento, con riferimento al disposto della normativa sopra richiamata e la sussistenza del reato contestato all'imputato.

Rileva in proposito il Collegio che la fattispecie disciplinata nella L. 30 aprile 1962, n. 283, art. 5, lett. b), prescinde dalla nocività concreta della cosa, essendo sufficiente che non siano state osservate le prescrizioni igienico sanitarie idonee a garantire la buona conservazione del prodotto ed il pericolo, anche solo eventuale di una sua contaminazione o alterazione.

Ricorre quindi l'ipotesi contravvenzionale della detenzione di alimenti in cattivo stato di conservazione, di cui alla L. 30 aprile 1962, n. 283, art. 5, quando la loro congelazione o surgelazione sia avvenuta, come nel caso in esame, con modalità tali da non garantire la corretta conservazione del prodotto" (Cass. Pen. sez. 3 sent. 24 giugno 1999, n. 9909).

Va quindi respinto il ricorso.

Sez. 3, Sentenza n. 46860 del 2007, in C.E.D., Rv. 238449.

Il reato di detenzione per la vendita di sostanze alimentari in cattivo stato di conservazione, previsto dall'art. 5, lett. b), della legge 30 aprile 1962, n. 283, è configurabile quando è accertato che le concrete modalità di conservazione siano idonee a determinare il pericolo di un danno o deterioramento dell'alimento, senza che rilevi a tal fine la produzione di un danno alla salute, attesa la sua natura di reato di danno a tutela del c.d. ordine alimentare, volto ad assicurare che il prodotto giunga al consumo con le garanzie igieniche imposte dalla sua natura.

In applicazione del principio, la Corte ha ritenuto che correttamente la sentenza impugnata avesse ravvisato gli estremi del reato in questione in una fattispecie di detenzione di 50 kg di hamburger freschi all'origine sottoposti irregolarmente a surgelazione in assenza di un piano di autocontrollo, dell'abbattitore termico e del termometro esterno).

Sez. 3, sentenza n. 40772 del 2015, in C.E.D., Rv. 264990.

L'integrazione della fattispecie è indipendente da qualsiasi analisi sul prodotto alimentare, e l'attività d'accertamento svolta dal servizio pubblico, atta ad accertare il cattivo stato di conservazione, non rientra in un "atto di indagine irripetibile", richiedente l'avviso all'indagato. Trattandosi della relazione della semplice constatazione della inidoneità al consumo umano del prodotto, desumibile con un l'esame visivo ed olfattivo da parte dei funzionari preposti alla vigilanza, e non dei campionamenti e delle analisi di laboratorio previsti dall'art. 1 Legge 30 aprile 1962, n. 283, in tema di disciplina igienica degli alimenti, per accertare se i prodotti non corrispondono ai requisiti fissati (cfr. Sez. 3, n. 10671 del 21/10/1997, Vacca, Rv. 209418, Sez. 3 n. 53726 7/7/2016, in www.cortecassazione.it), non occorre procedere con alcun avviso all'indagato. Tale documento è, per la sua natura stessa, acquisibile al fascicolo del dibattimento senza particolari formalità.

CONGELAMENTO

Configura il reato di detenzione di alimenti in cattivo stato di conservazione di cui all'art. 5, lett. b, L. 30 aprile 1962, n. 283, anche il congelamento del prodotto effettuato in maniera inadeguata. L'unico procedimento idoneo a conservare la carne nel tempo, alternativo alla surgelazione, è il congelamento mediante ricorso ad abbattitori di temperature, che in tempi brevissimi assicurano il completo congelamento del prodotto alimentare e, quindi, la sua perfetta conservazione.

Il Tribunale ha dichiarato xxx colpevole del reato di cui alla L. n. 283 del 1962, art. 5, lett. b), perché quale responsabile di un esercizio artigianale di pizzeria d'asporto, deteneva prodotti alimentari di varia natura in cattivo stato di conservazione, all'interno di un banco congelatore frigo a pozzo, congelati e contenuti in buste di plastica, in promiscuità con altri alimenti surgelati preconfezionati, condannandolo alla pena di Euro 3.500,00 di ammenda.

Con l'atto di impugnazione si rileva la insussistenza di una offesa penalmente rilevante, né reale, né potenziale, nella condotta contestata al prevenuto;

l'istruttoria dibattimentale non ha permesso di rilevare che la merce fosse in stato di putrefazione e il congelamento, effettuato in maniera inappropriata, avrebbe potuto determinare nell'alimento la perdita del suo sapore ottimale e, talora, anche, parte delle capacità nutritive; cosa diversa è l'avaria o la nocività.

Con la impugnazione la difesa del prevenuto censura la pronuncia de qua per inosservanza ed erronea applicazione della legge penale in relazione alla L. n. 283 del 1962, art. 5, lett. b) sotto il profilo della insussistenza dell'offesa giuridicamente rilevante, né reale, né potenziale. Il giudice di merito fonda il convincimento della condanna sulla esclusiva scorta del rinvenimento degli alimenti di cui al capo di imputazione in banco congelatore a pozzo, deducendone la pericolosità presunta del nocumento alla salute, in difetto, però, di prova della inidoneità della struttura refrigerante, nonché della compromissione delle carni sotto un profilo nutrizionale, né soprattutto della destinazione alla somministrazione.

La configurabilità della contravvenzione prevede la distribuzione per il consumo di sostanze alimentari in cattivo stato di conservazione, riferibile o alle caratteristiche intrinseche delle stesse o alle modalità estrinseche con cui si realizza, che dovranno uniformarsi alle prescrizioni normative, se sussistenti. Peraltro, l'istruttoria non ha permesso di evincere che la carne fosse in stato di putrefazione, mentre il congelamento del prodotto, effettuato in maniera inappropriata, avrebbe potuto determinare solo l'effetto di far perdere all'alimento il suo sapore ottimale ed eventualmente parte delle capacità nutritive.

Sul punto in ricorso è infondato.

Orbene, si osserva che ai fini della configurabilità del reato di cui alla L. n. 283 del 1962, art. 5, lett. b), che vieta l'impiego nella produzione di alimenti, la vendita, la detenzione per la vendita, la somministrazione, o comunque la distribuzione per il consumo, di sostanze alimentari in cattivo stato di conservazione, non è necessario che quest'ultimo si riferisca alle caratteristiche intrinseche di dette sostanze, ma è sufficiente che esso concerna le modalità estrinseche con cui si realizza, le quali devono uniformarsi alle previsioni normative, se sussistenti, ovvero, in caso contrario, a regole di comune esperienza (Cass. S.U. 9/1/02, n. 443), senza che rilevi, per la concretizzazione dell'illecito contravvenzionale, la produzione di un danno alla salute (Cass. 2/9/04, n. 35828).

Il giudice di merito ha evidenziato, con richiamo alle emergenze istruttorie, che il teste yyy ha, con profusione di particolari, in forza della sua specifica competenza nel settore, esaustivamente spiegato come il congelamento ordinario sia una modalità di conservazione rischiosa, in quanto, richiedendo almeno sette-otto ore per giungere a compimento, non garantisce che non si innestino procedimenti putrefattivi o comunque di alterazione, anche della carica batterica, del prodotto alimentare, con conseguente rischio di danno per la salute del consumatore: rischio particolarmente elevato per le carni, essendo queste tra i prodotti alimentari maggiormente soggette a putrefazione.

Lo stesso teste ha, quindi, ricordato come scienza ed esperienza insegnino che l'unico procedimento idoneo a conservare nel tempo le carni, alternativo a quello della surgelazione, sia il congelamento mediante ricorso ad abbattitori di temperature, che in tempi brevissimi assicurano il completo congelamento del prodotto alimentare e, quindi, la sua perfetta conservazione. Appaiono evidenti, quindi, la concretizzazione, nella specie, del reato di cui alla imputazione e la corretta affermazione di responsabilità dell'imputato.

Sez. 3, Sentenza n. 15094 del 2010, in C.E.D., Rv. 246970.

Certamente l'abbattitore di temperatura è l'unico strumento idoneo; evita la formazione dei microcristalli ed ha una funzione batteriostatica. Ciò che conta, però, ai fini dell'integrazione della violazione è la mancata corretta conservazione, che non deve essere necessariamente perfetta, bensì idonea. L'azione comandata al fine di evitare il cattivo stato di conservazione non è fondata sulla perfezione, bensì sull'idoneità.

La contravvenzione prevista dalla L. 30 aprile 1962, n. 283, art. 5, lett. b, è configurabile anche nel caso in cui i prodotti alimentari siano conservati promiscuamente, in quanto detta modalità estrinseca di conservazione è inidonea a garantire che i singoli alimenti mantengano inalterate le relative caratteristiche tipologiche.

Nel caso in esame, il cattivo stato di conservazione è stato desunto dalla presenza di alimenti (carne, pesce e verdure) conservati promiscuamente e che erano privi di etichetta, nonché congelati in apparecchi non idonei.

Secondo la tesi difensiva, difetterebbe la prova del cattivo stato di conservazione, perché la semplice circostanza della conservazione sfusa o promiscua degli alimenti non sarebbe sufficiente ad integrare la violazione contestata.

L'affermazione non può essere condivisa.

Va premesso che, secondo la più recente giurisprudenza di questa Corte, il reato de quo è reato di pericolo presunto, sicché lo stesso non esige per la sua configurabilità un previo accertamento sulla commestibilità dell'alimento, ne il verificarsi di un danno per la salute del consumatore (Sez. 3^, n. 2649 del 16/12/2003 - dep. 27/01/2004, Gargelli A, Rv. 226874).

Ciò detto, è evidente che la condizione di promiscuità degli alimenti, di per sé, è indice di un cattivo stato di conservazione degli stessi, tenuto conto di quella che è la ratio della fattispecie penale. Ed invero, il reato di cui alla L. 30 aprile 1962, n. 283, art. 5, lett. b), costituisce, rispetto alle ipotesi previste dalle altre lettere della norma, una figura autonoma di reato, che può formalmente concorrere con esse, ove ne ricorrano le condizioni, mirando non solo a prevenire mutazioni dei prodotti alimentari, ma perseguendo altresì un autonomo fine di benessere consistente nell'assicurare una protezione anticipata all'interesse del consumatore a che il prodotto giunga a questi con le cure igieniche imposte dalla sua natura (Sez. 3^, n. 35234 del 28/06/2007 - dep. 21/09/2007, Lepori, Rv. 237518; Sez. U, n. 443 del 19/12/2001 - dep. 09/01/2002, Butti e altro, Rv. 220717). È, evidente, dunque che la conservazione di più prodotti alimentari di caratteristiche diverse (qual è l'alimento carne, rispetto al pesce o alle verdure), necessita di una modalità di custodia autonoma del singolo alimento (o gruppo di alimenti omogenei) rispetto agli altri di natura diversa, atteso che - ad esempio - la modalità di conservazione come la stessa temperatura di congelamento sono diverse per il pesce rispetto a quella della carne o delle verdure, sicché richiedono necessariamente una particolare accortezza nella conservazione, garantendo la separazione dei singoli alimenti (o gruppi di alimenti) rispetto agli altri, sia per mantenerne inalterate le caratteristiche organolettiche che per evitare sgradevoli (anche al sapore) contaminazioni che possono incidere sulla stessa commestibilità dell'alimento. Non va, del resto, dimenti-

cato che ai fini della configurabilità della contravvenzione prevista dal L. 30 aprile 1962, n. 283, art. 5, lett. b, non è necessario che quest'ultimo si riferisca alle caratteristiche intrinseche di dette sostanze, ma è sufficiente che esso concerna le modalità estrinseche con cui si realizza, le quali devono uniformarsi alle prescrizioni normative, se sussistenti, ovvero, in caso contrario, a regole di comune esperienza (Sez. U, n. 443 del 19/12/2001 - dep. 09/01/2002, Butti e altro, Rv. 220716).

E, all'evidenza, nel caso in esame, tali modalità estrinseche di conservazione (congelamento promiscuo di alimenti di genere diverso, alla rinfusa, all'interno di un congelatore), non erano certamente idonee a garantire la salubrità degli alimenti.

Può, pertanto, essere affermato il seguente principio di diritto:

"La contravvenzione prevista dalla L. 30 aprile 1962, n. 283, art. 5, lett. b, è configurabile anche nel caso in cui i prodotti alimentari siano conservati promiscuamente, in quanto detta modalità estrinseca di conservazione è inidonea a garantire che i singoli alimenti mantengano inalterate le relative caratteristiche tipologiche".

Sez. 3, Sentenza n. 40554 del 2014, in C.E.D., Rv. 260655.

Esposizione del prodotto

Ai fini dell'integrazione della contravvenzione di cui all'art. 5, comma primo, lett. b), l. 30 aprile 1962, n. 283, è sufficiente esporre bottiglie di olio alla luce solare, senza la necessità che tale merce riceva direttamente i raggi solari sulla sua superficie, poiché questa modalità di conservazione è inidonea a causa del numero di perossidi presenti nell'olio, indicatore dell'irrancidimento ossidato del prodotto, che aumenta con l'esposizione alla luce.

Il Giudice monocratico del Tribunale ha ritenuto responsabile del reato previsto dalla L. n. 283 del 1962, art. 5, lett. b) il legale rappresentante di un esercizio di vendita al dettaglio., perché aveva collocato delle confezioni di olio, destinate alla vendita, in un sito non protetto dalla diretta esposizione della luce solare; la situazione di inadeguatezza del luogo di stoccaggio, sia pure temporaneo, del prodotto concretava gli estremi della cattiva conservazione dell'olio, rilevata anche dal numero di perossidi presenti ed accertati dal consulente tecnico.

L'elemento di colpa a carico dell'imputato è stato individuato nel non avere predisposto misure organizzative, di fronte ad una situazione prevedibile (necessità di spostare il prodotto per un'infiltrazione di acqua, già da tempo presente nel magazzino ove era collocato).

Per l'annullamento della sentenza, l'imputato ha proposto ricorso per Cassazione deducendo difetto ed illogicità della motivazione, in particolare, rilevando:
– che le bottiglie di olio erano coperte da una tettoia ed inserite in scatole di cartone per cui non erano attinte direttamente dal sole come precisato dai testi escussi;
– che la collocazione all'aperto e la caduta di acqua piovana nel magazzino, che aveva determinato lo spostamento del prodotto, era avvenuta poco prima della visita dei Nas per cui non è evidenziabile la colpa ritenuta dal Giudice;
– che, dai rilievi del consulente tecnico, risulta che l'alimento non era pericoloso per la salute per cui la condotta non ha rilevanza penale.

Non sussistono incertezze sulla ricostruzione storica dei fatti posti alla base del processo ed accertati dal Giudice di merito in esito alla espletata istruzione dibattimentale (ed avendo come referente le dichiarazioni degli operatori del Nas, le foto agli atti e le ammissioni dello stesso imputato); il giorno 19 settembre 2008 l'olio (a causa di infiltrazioni di acqua nel locale ove era collocato) imballato in scatole di cartone o con film plastico era stato trasportato in via transitoria sotto una struttura in area aperta e coperta parzialmente da una tettoia.

In tale contesto, la circostanza che ha condotto il Giudice a concludere per la sussistenza dell'elemento materiale del reato e per un cattivo stato di conservazione della merce è stato individuato nella esposizione del prodotto non al sole, ma alla luce diretta.

A conforto di tale conclusione, il Giudice ha osservato, seguendo i chiarimenti del Consulente tecnico, che il numero dei perossidi presenti nell'olio (che sono un indicatore dello irrancidimento ossidato del prodotto ed un parametro che indica il suo stato di conservazione) aumenta con la esposizione alla luce. Tanto è sufficiente per concludere che si è perfezionata la fattispecie di reato (almeno per la parte del prodotto non imballato) che non richiede, per la sua integrazione, che le sostanze alimentari siano alterate o depauperate o contaminate, ma solo che siano avviate al consumo con metodi di conservazione, dettati da prescrizioni normative o da regole di comune esperienza, non adeguati per garantirne la igiene e la commestibilità (Sezioni Unite sentenza 443/2001).

Pertanto, si presentano irrilevanti le censure del ricorrente sulla non nocività del prodotto (circostanza non messa in discussione dal Giudice) dal momento che non è stata contestata la degradazione dell'olio o la sua pericolosità per la salute del consumatore, ma, si ripete, la modalità inidonea di conservazione sia pure per un arco temporale non prolungato.

Né rileva l'osservazione, pur esatta, del ricorrente secondo il quale il reato è di danno perché l'evento dannoso deve individuarsi nella lesione del bene giuridico rappresentato dal cd. ordine alimentare ovvero dalla sfera di tranquillità del consumatore sulla circostanza che il prodotto gli giunga con le garanzie igieniche imposte dalla sua natura (Cass. Sez. 3 sentenza 35828/2004). L'elemento psicologico è stato - e correttamente - individuato nella incuria e nella mancanza di misure organizzative per fare fronte ad una situazione (necessità di spostare il prodotto da tempo nota) oggettivamente prevedibile.

Sez. 3, Sentenza n. 29987 del 2011, in www.cortedicassazione.it.

Trasporto in cattivo stato di conservazione

L'obbligo di osservare la disciplina prevista nell'art. 5, comma primo, lett. b), l. 30 aprile 1962, n. 283 incombe anche al mero trasportatore, atteso che l'onere di assicurare le condizioni di conservazione degli alimenti, al fine di tutela della salute pubblica, sussiste in tutte la fasi di distribuzione degli stessi.

Il Tribunale affermava la responsabilità penale in ordine al reato di cui:

- alla L. 30 aprile 1962, n. 283, art. 5, lett. b), per avere, nella qualità di autista dipendente della "Cooperativa xxxx", eseguito il trasporto di prodotti alimentari deperibili destinati alla vendita (pasta brisè, mozzarelle e crema di yogurt) in cattivo stato di conservazione poiché trasportati con autocarro non refrigerato a temperature ben più elevate di quelle in cui detti prodotti dovevano conservarsi.

Avverso tale sentenza ha proposto ricorso il difensore il quale ha eccepito:

- la non riferibilità del fatto all'imputato, in quanto quegli svolgeva mere mansioni di autista, chiamato a svolgere la sola attività di trasporto, sicché non era tenuto al "controllo sull'esecuzione del carico", spettando questo, secondo un preciso organigramma aziendale, al "responsabile della logistica", al "responsabile del settore fresco", al "responsabile spedizione merci" e ad alcuni "addetti al controllo uscita merci";

- l'impossibilità di configurare come "negligente" il comportamento dell'imputato, consistito nell'avere omesso di controllare il carico affidatogli per la distribuzione all'acquirente, proprio perché detto controllo non rientrava tra te mansioni affidategli (in quanto attribuito ad altri) e, quindi, non costituiva "azione doverosa";

- vizio di motivazione circa la sussistenza del reato, atteso che la valutazione legale di pericolosità del prodotto deve essere fatta in riferimento allo stato effettivo di esso e non alle modalità di conservazione.

Il ricorso deve essere rigettato, perché infondato. L'obbligo di osservare la disciplina prevista dalla L. n. 283 del 1962 incombe anche al mero trasportatore, atteso che l'onere di assicurare le condizioni di conservazione degli alimenti, al fine di tutela della salute pubblica, sussiste in tutte la fasi di distribuzione degli stessi.

Destinatari delle disposizioni della L. n. 283 del 1962, art. 5, pertanto, sono tutti coloro che concorrono alla immissione sul mercato di prodotti destinati al consumo e non conformi alle prescrizioni igienico-sanitarie.

In proposito, deve ribadirsi l'orientamento già espresso da questa Corte Suprema secondo il quale il concetto di "destinazione per la vendita", enunciato dalla L. 30 aprile 1962, n. 283, art. 5, in tema di frodi alimentari, non consiste soltanto nel possesso di prodotti destinati immediatamente alla vendita, bensì anche nel possesso di prodotti da vendersi successivamente e cioè, in definitiva, in una relazione di fatto, tra il soggetto ed il prodotto, caratterizzato semplicemente dal fine della vendita stessa, senza che sta necessario che la merce si trovi in luoghi destinati ai consumatori (vedi Cass.: Sez. 3^, 1.4.2003, n. 15185; Sez. 3^, 22.6.1996, n. 6266; Sez. 6^, 4.6.1993, n. 5661; Sez. 6^, 14.12.1993, n. 11395).

Nella fattispecie in esame - caratterizzata dall'esistenza di una temperatura ambientale esterna di 36^ C, nel mese di giugno - anche l'autista dell'automezzo non refrigerato aveva dunque il dovere di accertarsi della tipologia dei prodotti alimentari affidati al suo trasporto, si da impedire evidenti pericoli di oggettivo deterioramento di essi. E ciò, indipendentemente dall'effettuazione di ulteriori e preliminari controlli demandati ad altri soggetti secondo l'organizzazione dell'azienda distributrice. Le Sezioni Unite di questa Corte Suprema - con la sentenza 19.12.2001, n. 40, ric. Butti - hanno affermato che, nella previsione di cui alla L. n. 283 del 1962, art. 5, lett. b), non è necessario che il cattivo stato di conservazione si riferisca alle caratteristiche intrinseche delle sostanze alimentari, ma è sufficiente che esso concerna le modalità estrinseche con cui si realizza, le quali devono uniformarsi alle prescrizioni normative, se sussistenti, ovvero, in caso contrario, a regole di comune esperienza.

Una volta accertata l'inosservanza di accorgimenti igienico-sanitari riferiti alle modalità di conservazione (alla stregua di norme giuridiche di carattere tecnico ma anche di precetti generalmente condivisi dalla collettività), pertanto, la fattispecie penale si configura senza che sia necessario un previo accertamento sulla commestibilità del prodotto o il verificarsi di un danno per la salute del consumatore (vedi pure Cass., Sez. 3^, 27.1.2004, n. 2649, Gargelli).

Sez. 3, Sentenza n. 2897 del 2007, in C.E.D., Rv. 235873.

CONFEZIONE. PRODOTTO CONFEZIONATO

Confezione originale

In tema di disciplina degli alimenti, per confezione originale deve intendersi ogni recipiente o contenitore chiuso, destinato a garantire l'integrità originaria della sostanza alimentare da qualsiasi manomissione e ad essere aperto esclusivamente dal consumatore.

Quando i prodotti alimentari non sono confezionati in involucri o recipienti sigillati, che non ne consentono l'analisi senza il loro deterioramento o la loro distruzione, il commerciante o detentore di essi a scopo di vendita o somministrazione risponde a titolo di colpa della non corrispondenza del prodotto alimentare alle norme di legge anche se non lo ha prodotto, perché, in tal caso la merce è controllabile anche attraverso appropriate analisi, almeno a campione, dal che discende l'onere di porre in essere quelle cautele che la prudenza, le circostanze del caso e la natura del prodotto consigliano.

Il legale rappresentante di una cooperativa ortofrutticola è stato condannato dal tribunale per il reato di cui all'art. 5, comma 1, lett. h), perché il deteneva per la vendita sedano contaminato da residui attivi di Cloripirifes Metile (pari a 0,09 mg/kg), sostanza vietata su questo tipo di coltura ai sensi del D.M. Salute del 27 agosto 2004, art. 5 e successive modificazioni (Prodotti fitosanitari: limiti massimi di residui delle sostanze attive nei prodotti destinati all'alimentazione).

Nel caso di specie, la sentenza impugnata ha dato conto del fatto che il sedano era stato prelevato da cassette di legno, sicché non essendovi alcuna confezione del prodotto, correttamente il giudice di merito ha sottolineato come l'imputato bene avrebbe potuto e dovuto effettuare i controlli necessari, sicché deve escludersi che sussistano i presupposti per l'applicazione della norma invocata dall'imputato (art. 19, L. n. 283 del 1962: «Le sanzioni previste dalla presente legge non si applicano al commerciante che vende, pone in vendita o comunque distribuisce per il consumo prodotti in confezioni originali, qualora la non corrispondenza alle prescrizioni della legge stessa riguardi i requisiti intrinseci o la composizione dei prodotti o le condizioni interne dei recipienti e sempre che il commerciante non sia a conoscenza della violazione o la confezione originale non presenti segni di alterazione».).

Sez. 3, Sentenza n. 5975 del 2013, in www.cortedicassazione.it

CONFEZIONE ORIGINALE
CONDIZIONI CONSTATABILI DALL'ESTERNO

Il commerciante o detentore di sostanze alimentari insudiciate o invase da parassiti risponde del reato di cui all'art. 5, comma primo, lett. d), l. 30 aprile 1962, n. 283, anche quando i prodotti sono stati confezionati dal produttore con modalità tali da consentire l'apertura dell'involucro al solo consumatore, se le condizioni di conservazione dell'alimento siano comunque agevolmente visibili e constatabili dal venditore, attraverso l'involucro stesso.

Il commerciante che pone in vendita un prodotto alimentare non può venire meno agli obblighi di particolare diligenza e prudenza nella conservazione ed esposizione per la vendita che la tipologia dell'alimento e le caratteristiche della confezione richiedono.

Il Tribunale condannava il direttore di un punto vendita di una catena di supermercati, per il reato di cui alla L. n. 283 del 1962, art. 5, lett. d) per aver posto in vendita funghi porcini freschi invasi da larve vitali di parassiti.

Avverso la sentenza il direttore proponeva ricorso per cassazione e rilevava che le sostanze alimentari oggetto dell'imputazione erano state poste in vendita in una confezione predisposta dal produttore, precisamente consistente in una vaschetta di plastica trasparente, avvolta in una retina di colore giallo, e che i Carabinieri del NAS, intervenuti dietro segnalazione anonima, avevano redatto un verbale di sequestro nel quale si dava atto dell'apertura della confezione e dello "spolpamento" dei funghi.

Solo all'esito del controllo venivano rinvenute muffe all'interno della confezione e i funghi risultavano invasi da larve di parassiti.

Il ricorrente osservava che, alla luce del verbale di sequestro e della notizia di reato contenute nel fascicolo del Pubblico Ministero, acquisito agli atti sull'accordo delle parti, emergeva che solo l'apertura della confezione aveva consentito la verifica dello stato del prodotto, altrimenti non rilevabile dal venditore che, di conseguenza, doveva ritenersi esente da responsabilità.

Rilevava inoltre che la sentenza impugnata si contraddiceva laddove riteneva, da un lato non applicabile l'esimente di cui alla L. n. 283 del 1962, art. 19 e, dall'altro, ammetteva che i funghi risultavano marciti al loro interno.

Riteneva di individuare un ulteriore motivo di contraddizione laddove la decisione impugnata negava l'intrinsecità del vizio sul presupposto che la confezione fosse trasparente, mentre tale condizione presuppone, al contrario, che il vizio non possa essere rilevato senza aprire la confezione.

Faceva altresì presente che non vi erano agli atti fotografie delle confezioni integre e che se la rilevabilità del vizio fosse stata immediata, la polizia giudiziaria operante ben avrebbe potuto riprodurre la confezione integra con le larve visibili senza prima alterare il corpo del reato.

Il ricorso è infondato.

Occorre preliminarmente ricordare, con riferimento alla applicazione della L. n. 283 del 1962, art. 19 che la giurisprudenza di questa Corte ha da tempo inquadrato compiutamente la nozione di confezione originale, che viene descritta come "ogni recipiente o contenitore chiuso, destinato a garantire l'integrità originaria della sostanza alimentare da qualsiasi manomissione e ad essere aperto esclusivamente dal consumatore di essa" (Sez. 3 n. 8085, 21 giugno 1999; conf. Sez. 3 n. 35732, 28 settembre 2007; Sez. 3 2350, 09 marzo 1995; Sez. 6 n. 5199, 20 maggio 1993; Sez. 6 n. 10637,29 ottobre 1992).

Come si evince dalla descrizione sopra riportata, i requisiti della confezione devono assicurare la chiusura del contenitore, la destinazione alla conservazione del prodotto e l'impossibilità di apertura da parte di soggetto diverso dal consumatore. La sussistenza di tali requisiti, peraltro, è stata sempre esclusa nei casi in cui il contenitore, ancorché chiuso ma non sigillato, venga utilizzato non per garantire l'integrità originaria dei prodotti, quanto per impedirne lo spargimento o l'insudiciamento nella fase di commercializzazione (Sez. 6 n. 10637, 29 ottobre 1992, cit.) o per altre ragioni, quali l'esigenza di assicurarne il trasporto (Sez. 6 n. 5199, 20 maggio 1993, cit.).

Si pone pertanto la necessità di considerare se un involucro, contenente prodotti ortofrutticoli freschi consistenti in una vaschetta di plastica trasparente avvolta in una retina, possa rientrare nella nozione di "confezione originale" come sopra definita.

Va subito rilevato che deve sicuramente escludersi che un involucro siffatto abbia come finalità quella di garantire l'integrità originaria del prodotto e la sua conservazione.

Esso contiene, in primo luogo, prodotti freschi e il semplice avvolgimento in una retina non impedisce al prodotto di insudiciarsi o venire a contatto con agenti o sostanze esterne.

Resta tuttavia il fatto che tale tipologia di involucro non consente comunque, di regola, al venditore l'apertura della confezione senza la manomissione, con conseguente impossibilità di successiva commercializzazione del prodotto.

A tale proposito si è osservato, in una occasione, che a coloro che vengano in rapporto, nella produzione o nella distribuzione, con sostanze alimentari in assenza di specifiche prescrizioni normative non può richiedersi una diligenza o prudenza eccezionale; nondimeno, è loro imposto un dovere di condotta commisurato a quello riferibile alla media degli esercenti la medesima attività, da accertarsi in termini concreti e fattuali (Sez. 6 n. 2711, 4 marzo 1994, fattispecie relativa a limoni contenuti in sacchetti a "reticella" che all'analisi chimica risultavano contenere una sostanza vietata che non ne aveva mutato l'aspetto esterno).

Occorre inoltre considerare che la menzionata L. n. 283 del 1962, art. 19 testualmente recita "le sanzioni previste dalla presente legge non si applicano al commerciante che vende, pone in vendita o comunque distribuisce per il consumo prodotti in confezioni originali, qualora la non corrispondenza alle prescrizioni della legge stessa riguardi i requisiti intrinseci o la composizione dei prodotti o le condizioni interne dei recipienti e sempre che il commerciante non sia a conoscenza della violazione o la confezione originale non presenti segni di alterazione".

La norma, si è rilevato, considera l'inevitabilità del fatto addebitato, cioè l'impossibilità materiale da parte del commerciante di verificare, attraverso la normale diligenza e prudenza, la corrispondenza del prodotto alle prescrizioni legali (Sez. 3 n. 2350, 9 marzo 1995).

La condotta esigibile è stata delimitata, con riferimento a determinate tipologie di alimenti, all'adozione delle necessarie precauzioni igienico-sanitarie relative alla conservazione del prodotto con riferimento ai locali, ai banchi ed alle modalità di esposizione e vendita, senza che il controllo possa pretendersi esteso ad accertamenti analitici che, per modalità e tempi di effettuazione, determinerebbero l'inevitabile deperimento del prodotto (fattispecie in tema di vendita di mitili in "confezioni originali" Sez. 3 n. 5236,27 maggio 1996).

Si è così affermato che, ferma restando la responsabilità del produttore, il rivenditore non può essere chiamato a rispondere tanto del procedimento di lavorazione e produzione di alimenti immessi al consumo in confezioni originali, ad eccezione dei casi in cui i vizi siano constatabili all'esterno o il rivenditore ne sia a conoscenza, quanto della composizione di tutti quei prodotti, "imballati" o sfusi, che non rivelino esteriormente alcun vizio e per i quali l'analisi o qualsiasi appropriato controllo si risolverebbe, per l'estrema deperibilità del prodotto, nell'impossibilità pratica di immetterlo al consumo. In tali casi è però richiesto al commerciante di adottare tutte le cautele necessarie, affinché possa far affidamento sulla conformità a legge del prodotto, sia dal punto di vista igienico-sanitario per la sua conservazione ed esposizione alla vendita, sia sotto il profilo dei controlli esperibili (così, sempre in tema di mitili confezionati, Sez. 3 n. 2350, 9 marzo 1995, cit. conforme Sez. 3 n. 8085,21 giugno 1999, cit.).

Ciò posto, si osserva che, *nella fattispecie, il Tribunale ha ritenuto la penale responsabilità del ricorrente sul presupposto che la confezione di funghi esaminata dai Carabinieri del NAS consentiva, trattandosi di una vaschetta trasparente, di verificare che il prodotto era completamente invaso da parassiti visibili anche dall'esterno.*

Alla luce dei principi in precedenza richiamati, infatti, appare determinante la circostanza che il prodotto, ancorché confezionato con modalità tali da consentire l'apertura dell'involucro al solo consumatore, era visibilmente invaso da parassiti e le condizioni di conservazione dello stesso erano agevolmente constatagli dal venditore, attraverso l'involucro trasparente o la retina che lo avvolgeva, con la diligenza richiesta dalla particolare confezione del prodotto, la quale non escludeva la possibilità di contatto con agenti esterni.

I predetti principi in precedenza richiamati, che il Collegio condivide, vanno dunque riaffermati, con l'ulteriore precisazione che la L. n. 283 del 1962, art. 19 può trovare applicazione anche nel caso in cui il prodotto fresco sia confezionato con involucri sigillati la cui apertura comporti la manomissione dell'originaria confezione o, comunque, la successiva incommerciabilità ma con modalità tali da non impedire il contatto con agenti esterni tuttavia il commerciante che lo pone in vendita non può venire meno agli obblighi di particolare diligenza e prudenza nella conservazione ed esposizione per la vendita che la tipologia dell'alimento e le caratteristiche della confezione richiedono.

Sez. 3, Sentenza n. 11998 del 2011, in www.cortedicassazione.it.

DATA DI SCADENZA

Commercio dopo il superamento della data indicata in confezione

La detenzione e la vendita di prodotti alimentari confezionati per i quali sia prescritta l'indicazione "da consumarsi preferibilmente entro il...", o quella "da consumarsi entro il..." non integra, ove la data sia superata, alcuna ipotesi di reato, ma solo l'illecito amministrativo di cui agli artt. 10, comma settimo, e 18 del D.Lgs. n. 109 del 1992.

Come stabilito dalle S.U. della Corte di cassazione, la data di scadenza del prodotto non ha nulla a che vedere con le modalità di conservazione di cui alla L. n. 283 del 1962, art. 5, lett. b), per cui, dove tale data sia superata, non è integrata alcuna ipotesi di reato, ma solo l'illecito amministrativo di cui al D.P.R. n. 109 del 1992, art. 10 comma 7, e art. 18 (Cass. S.U., 4.1.1996; 19.12.2001, n. 443; Sez. 3, 11.6.2001, n. 27669). Per di più, la data di scadenza non implica la cattiva conservazione (Sez. 3, 2.9.2004 n. 35828; Sez. 3, 22.2.2006 n. 11909; Sez. 3, 23.3.1998 n. 5372).

La Corte si è diverse volte pronunciata nel senso che la detenzione e la vendita di prodotti alimentari confezionati, per i quali sia prescritta l'indicazione "da consumarsi preferibilmente entro il ...", o quella "da consumarsi entro il..." non integra, ove la data sia superata, alcuna ipotesi di reato, ma solo l'illecito amministrativo di cui al D.Lgs. n. 109 del 1992, art. 10, comma 7, e art. 18 (si veda sez. 3 Sentenza n. 201 del 16/01/1996, in LA GIUSTIZIA PENALE, anno 1997 Fasc. 03, parte 02, pag. 155).

Ciò in quanto l'art. 5, lett. b) si riferisce ai casi in cui le sostanze alimentari siano conservate male, cioè preparate o messe in vendita senza l'osservanza delle prescrizioni normative dettate a garanzia della loro buona conservazione sotto il profilo igienico-sanitario e che mirano a prevenire la loro precoce alterazione: e la data di scadenza non attiene per nulla con le modalità della loro conservazione (si veda Sez. 3, Sentenza n. 30858 del 2008. In C.E.D. Cassazione, Rv. 240755).

Il nuovo e consolidato orientamento ha superato quello contrario, degli anni novanta. Era stato ritenuto, infatti, che l'inosservanza delle prescrizioni igienico-sanitarie intese a garantire la buona conservazione del prodotto, in vista della sua commestibilità, fosse già, di per sé, sufficiente ad integrare il cattivo stato di conservazione, perciò, a maggior ragione, tale reato doveva considerarsi configurato quando l'alimento veniva detenuto nei luoghi di vendita, o di consumo, in condizioni di conclamato pericolo per la sua commestibilità per essere scaduto il termine oltre il quale, per espressa disposizione di legge, il prodotto non può essere commercializzato e, quindi consumato (si veda Sez. 6, Sentenza n. 9246 del 18/03/1994, in C.E.D., Rv. 199428).

Ultima pronuncia sul tema, in linea con quella del 2008, Cassazione, sez. 3, 11.07.2012, n. 30425, in Diritto e Giustizia online 2012, 25 luglio, che ha annullato la sentenza del giudice di merito che aveva dedotto la presenza di un cattivo stato di conservazione esclusivamente dalla circostanza del superamento della data di scadenza, sebbene i prodotti fossero ancora contenuti e sigillati nella loro confezione originale, e sebbene gli stessi non presentassero elementi oggettivi o soggettivi da cui desumere il cattivo stato di conservazione.

Il giudice aveva affermato, in sentenza, che i prodotti erano "scaduti da più giorni... e pertanto in cattivo stato di conservazione" e nell'occasione la Corte ha ribadito che "la data di scadenza del prodotto", là dove ne è prevista l'indicazione obbligatoria, non ha "nulla a che vedere con le modalità di conservazione" dei prodotti alimentari.

IMPORTAZIONE

Importatore

L'importatore, commerciante all'ingrosso o al dettaglio, che opera sul territorio nazionale è tenuto a verificare la conformità del prodotto, o dei componenti di esso, alla normativa sanitaria con controlli tali da garantire la qualità del prodotto anche se importato in confezioni originali. L'inottemperanza a siffatto dovere deriva una responsabilità dello stesso importatore a titolo di colpa, configurabile ancora prima dell'effettiva messa in commercio del prodotto alimentare sul territorio nazionale.

L'esimente speciale di cui alla L. 30 aprile 1962, n. 283, art. 19 non opera quando il prodotto alimentare sia stato confezionato all'estero, provenga cioè da un produttore straniero il quale non sia obbligato ad osservare tutte le prescrizioni imposte dalla legge italiana.

La L. 30 aprile 1962, n. 283, art. 12, al comma 1, specifica che *"è vietata l'introduzione nel territorio detta Repubblica di qualsiasi sostanza destinata all'alimentazione non rispondente ai requisiti prescritti dalla presente legge"*. È illecito, per tanto, introdurre nel territorio italiano alimenti prodotti e confezionati all'estero privi dei requisiti previsti nelle normative vigenti nazionali.

"Gli obblighi dell'importatore sono sostanzialmente parificati a quelli che gravano sui produttori nazionali e, quindi, sono decisamente più "consistenti" di quelli gravanti sui rivenditori. In tale prospettiva l'art. 72 del Regolamento di esecuzione (D.P.R. 26 marzo 1980, n. 327), come sostituito dal D.P.R. 8 maggio 1985, n. 254, art. 11, dispone, a sua volta, che "gli importatori di sostanze alimentari sono responsabili della natura, del tipo, della quantità, dell'omogeneità, dell'origine dei prodotti presentati all'importazione nonché della rispondenza dei requisiti igienico- sanitari previsti dal-

le vigenti disposizioni in materia di sostanze alimentari", facendo salva "l'osservanza delle modalità prescritte da altre leggi o regolamenti speciali, nonché da convenzioni internazionali concernenti particolari sostanze alimentari". L'importatore, pertanto, ha l'obbligo di introdurre in Italia solo sostanze destinate all'alimentazione rispondenti ai requisiti igienico-sanitari previsti dalle vigenti disposizioni in materia e dall'inottemperanza a siffatto dovere deriva una responsabilità dello stesso a titolo di colpa, configurabile ancora prima dell'effettiva messa in commercio del prodotto alimentare sul territorio nazionale."

A prima vista sembrerebbe che la giurisprudenza della Cassazione sostenga una responsabilità oggettiva dell'importatore, ma, in realtà, l'argomentazione si fonda sull'assunzione dei rischi connessi ad una attività che merita maggiori attenzioni e controlli, e che non può essere fondata sulla fiducia nei confronti del produttore estero. Bisogna, infatti, considerare che paesi esteri, possano avere normative differenti e limiti di tolleranza, sui contenuti degli alimenti, diversi dai nostri.

Trattasi di un obbligo di particolare peso, per l'osservanza del quale la legge pone, indubbiamente, a carico dell'importatore l'assunzione di cautele e di controlli di rilevante difficoltà connessi ad una pregnante verifica delle caratteristiche intrinseche degli alimenti. La giurisprudenza, però, non ha mancato di rilevare, in proposito, che non può in alcun modo parlarsi di responsabilità oggettiva, poiché l'importatore, conoscendo a priori siffatto rigoroso dovere, non può non assumersi i rischi derivanti dallo svolgimento delle sua attività. Ciò comporta che l'importatore, se non è in grado di garantire la conformità del prodotto estero alla normativa sanitaria nazionale, deve rinunziare ad importarlo.

Quando si tratta di prodotti alimentari confezionati in Paesi dell'Unione Europea, vige il principio della libera circolazione delle merci, che dal 1 gennaio 1993 è pienamente operante nel settore dei prodotti alimentari e che prevede la liceità del prodotto alimentare sul territorio di un Paese membro, a condizione che sia rispondente alle prescrizioni che per quella determinata sostanza alimentare sono in vigore nel Paese di produzione. Tale principio si correla a quello del "mutuo riconoscimento", fondato in sostanza sulla fidu-

cia nella capacità degli altri Stati membri di fabbricare e produrre merci destinate a circolare liberamente in tutta l'Unione.

Un limite a tale libertà di circolazione dei prodotti alimentari resta pur sempre desumibile, in ogni caso, dalle prescrizioni poste, nei singoli Paesi, a salvaguardia della salute pubblica, secondo quanto espressamente stabilito dall'art. 30 (già art. 36) del Trattato dell'Unione Europea (in tal senso è orientata la giurisprudenza della Corte di giustizia europea, a partire dalla sentenza 20/02/1979, causa 120/78, Rewe).

È chiaro che il limite alla libera circolazione è quello delle prescrizioni dei singoli stati e non solo in materia di alimenti. Nel campo alimentare possono verificarsi addirittura delle restrizioni alla circolazione per motivi di carattere sanitario.

Restrizioni esistono persino per gli alimenti introdotti nella U.E. senza scopo commerciale. Un punto di riferimento normativo è il Regolamento (CE) n. 206 del 2009, entrato in vigore il 1° Maggio 2009, che ha modificato il Regolamento (CE) n. 136 del 2004, ed abrogato il Regolamento (CE) n. 745/2004, il quale stabilisce norme relative all'introduzione nella Comunità di scorte personali di prodotti di origine animale a carattere non commerciale, che formano parte del bagaglio dei viaggiatori o formano oggetto di piccole spedizioni a privati o sono ordinate a distanza (ad esempio per posta, telefono o Internet) e sono consegnate al consumatore. Ma, anche questa disposizione si applica fatta salva la legislazione veterinaria comunitaria destinata a controllare ed eradicare le malattie animali, o relativa a determinate misure di protezione.

In relazione alle ipotesi di reato di cui alla L. 30 aprile 1962, n. 283, art. 5, nonché agli illeciti amministrativi, il successivo art. 19 della stessa Legge, stabilisce che le sanzioni *"non si applicano al commerciante che vende, pone in vendita o comunque distribuisce per il consumo prodotti in confezioni originali, qualora la non corrispondenza alle prescrizioni della legge stessa riguardi i requisiti intrinseci o la composizione dei prodotti o le condizioni interne dei recipienti e sempre che il commerciante non sia a conoscenza della violazione, o la confezione originale non presenti segni di alterazione".*

Ma, la Cassazione in forza del ragionamento fin qui seguito, relativo alle diversità legislative che possono interessare stati diversi, precisa che

Va ribadita, però, in proposito, la giurisprudenza di questa Corte Suprema secondo la quale tale esimente speciale non opera quando il prodotto alimentare sia stato confezionato all'estero, provenga cioè da un produttore straniero il quale non sia obbligato ad osservare tutte le prescrizioni imposte dalla legge italiana per prevenire il pericolo di frode o di danno alla salute del consumatore: in tale ipotesi, infatti, colui che commercia il prodotto sul territorio nazionale non può ritenersi legittimato a presumere l'adempimento di obblighi giuridicamente inesistenti a carico del produttore (vedi Cass., Sez. 3^: 26/03/1999, n. 6323 e 30/07/1997, n. 7700). L'importatore-commerciante all'ingrosso o al dettaglio che opera sul territorio nazionale è tenuto a verificare, pertanto, la conformità del prodotto o dei componenti di esso alla normativa sanitaria con controlli tali da garantire la qualità del prodotto anche se importato in confezioni originali (vedi Cass., Sez. 3^- 20/12/2004 Gramellini 17/06/1998 n 7214).

Sez. 3, Sentenza n. 2205 del 2006, in C.E.D., Rv. 233006.

Questa stessa Corte ha però affermato che tale esimente speciale non opera quando il prodotto alimentare sia stato confezionato all'estero, provenga cioè da un produttore straniero del quale non vi è la certezza che sia obbligato a osservare tutte le prescrizioni imposte dalla legge italiana per prevenire il pericolo di frode o di danno alla salute del consumatore: in tale ipotesi, infatti, colui che commercia il prodotto sul territorio nazionale non può ritenersi legittimato a presumere l'adempimento di obblighi giuridicamente inesistenti a carico del produttore (sez. 3, 4 ottobre 2005, n. 2205, rv. 233006; sez. 3, 25 marzo 2010, n. 17547). L'importatore, commerciante all'ingrosso o al dettaglio, che opera sul territorio nazionale è tenuto a verificare, pertanto, la conformità del prodotto o dei componenti di esso alla normativa sanitaria con controlli tali da garantire la qualità del prodotto anche se importato in confezioni originali.

Concetto rafforzato anche ultimamente

l'acquirente dell'alimento preconfezionato è anch'esso destinatario del precetto penale che impone l'adozione di ogni cautela, al fine di evitare l'immissione in commercio di un prodotto non regolamentare.

In particolare, è stato accertato che il tonno decongelato commercializzato dall'imputato conteneva un additivo chimico vietato dalla normativa comunitaria, precisamente monossido di carbonio, perciò è stato ritenuto irrilevante che lo stesso l'avesse ricevuto, per la rivendita, in confezioni sigillate da un fornitore spagnolo che l'aveva acquistato da un produttore vietnamita.

Nella specie, tale obbligo incombeva sulla ricorrente sia perché l'alimento era stato prodotto in Vietnam sia perché erano chiaramente percepibili gli effetti dell'additivo per l'innaturale colorazione rosso ciliegia del tonno.
Sez. 3, Sentenza n. 17547 del 2010, in C.E.D., Rv. 247487.
Sez. 3, Sentenza n. 7383 del 2015, in www.cortedicassazione.it.

LEGALE RAPPRESENTANTE

STRUTTURE AUTONOME

Se l'apparato commerciale per la vendita di prodotti alimentari è articolato in più unità territoriali autonome, la responsabilità connessa al rispetto dei requisiti igienico sanitari dei medesimi prodotti, va affrontata con riferimento alla singola struttura aziendale, all'interno della quale deve ricercarsi il responsabile dei fatti.

Il soggetto responsabile va individuato in base alle mansioni effettivamente svolte, senza necessità della prova specifica di una delega ad hoc da parte del legale rappresentante dell'ente conferita al preposto alla singola struttura o settore di servizio.

Si verifica frequentemente il caso di legali rappresentanti di catene di supermercati chiamati a rispondere di fatti avvenuti in uno dei punti vendita.

Il primo problema è verificare se la condotta contestata sia effettivamente riconducibile al legale rappresentante, oppure ai preposti del punto vendita, secondo organigrammi aziendali. Il rischio è quello di addebitare responsabilità oggettive collegate alle qualifiche di rappresentanza legale, per azioni od omissioni poste in essere da terzi dipendenti.

Osserva il Collegio che l'imprenditore (o il vertice esecutivo dell'impresa societaria) assume certamente la responsabilità dell'organizzazione imprenditoriale anche per quanto concerne l'impostazione delle azioni volte al rispetto della normativa in materia di igiene degli alimenti. Possono crearsi, tuttavia, ulteriori posizioni di garanzia allorquando l'esigenza dell'efficacia nell'espletamento di queste azioni e nel controllo fattuale delle stesse abbia comportato l'affidamento di tale compito ad altri soggetti per non essere l'imprenditore personalmente in grado di garantirne il puntuale svolgimen-

to. In tal caso – per il principio della personalità della responsabilità penale espresso dall'art. 27 Cost. – il garante primario risponderà in concreto non di tutto ciò che accade nell'ambito dell'azienda, bensì soltanto, quanto ai reati colposi, delle violazioni di legge, nonché dell'osservanza delle regole di diligenza, prudenza e perizia relative alla sua posizione. Secondo la giurisprudenza di questa Corte, "il legale rappresentante di una società di notevoli dimensioni non è responsabile allorché l'azienda sia stata preventivamente divisa in distinti settori, rami o servizi ed a ciascuno di essi siano in concreto preposti soggetti qualificati ed idonei, dovendosi presumere in re ipsa la sussistenza di una delega di responsabilità, anche organizzative e di vigilanza, per le singole sedi, anche in assenza di un atto scritto" (così Cass., Sez. 3^, 28.4.2003, n. 19642, Rossetto).

Nessun legale rappresentante, di società o imprese che esercitano la vendita in diversi punti dislocati nel territorio, può garantire il puntuale svolgimento di tutti i compiti imposti dalla normativa in materia di alimenti. Si pensi, ad esempio, il controllo quotidiano negli scaffali dei prodotti con la data di scadenza superata. È chiaro che l'attività di controllo e rispetto delle normative deve essere delegata a soggetti operanti nelle singole strutture di vendita o commercio. Il problema è la formalità di questa delega e la sua validità.

La delega può essere tanto scritta quanto tacita. Sul punto la sentenza già citata prosegue

Nella vicenda in esame, invece, il Tribunale si è limitato ad evidenziare l'inesistenza di delega formale di funzioni, ritenendo non configurabile la possibilità di una delega tacita riconducibile alla peculiare struttura aziendale.

Tale argomentazione è inesatta e va ribadito, al contrario, il principio secondo il quale nei casi (come quello in esame) in cui l'apparato commerciale di una società sia articolato in più unità territoriali autonome, ciascuna affidata ad un soggetto all'uopo investito di mansioni direttive, il problema della responsabilità connessa al rispetto dei requisiti igienici e sanitari dei prodotti commerciati va affrontato con riferimento alla singola struttura aziendale, all'interno della quale dovrà ricercarsi il responsabile dei fatti, commissivi od omissivi, integranti la colpa contravvenzionale in concreto contesta, senza dovere necessariamente esi-

gere la prova specifica di una delega ad hoc da parte del legale rappresentante (o della persona che riveste una posizione organizzativa apicale) al preposto alla singola struttura o settore di servizio.

Nella singola struttura, poi, il soggetto responsabile va individuato in base alla mansioni effettivamente esercitate, con prudente apprezzamento del caso concreto e valutazione non condizionata da aprioristici schematismi.

<u>Il titolare o il vertice esecutivo dell'impresa può essere ritenuto responsabile (o corresponsabile) solo allorché sia dimostrata la efficienza causale di propri comportamenti anche sotto i profili di organizzazione inadeguata e di mancata doverosa vigilanza.</u>

Sez. 3, Sentenza n. 28541 del 2012, in www.cortedicassazione.it.

In altra sentenza, la Corte precisa che

con riguardo alla disciplina igienica dei prodotti destinati all'alimentazione, e sulla base della disposizione di cui alla L. 30 aprile 1962, n. 283, art. 5, comma 1, lett. b), della detenzione o somministrazione di un prodotto non conforme alla normativa deve rispondere, in caso di società od impresa, a titolo di colpa, il legale rappresentante della stessa, essendo allo stesso riconducibili le deficienze della organizzazione di impresa e la mancata vigilanza sull'operato del personale dipendente, salvo che il fatto illecito non appartenga in via esclusiva ai compiti di un preposto, appositamente delegato a tali mansioni (Sez. 3, n. 36055 del 09/07/2004, Di Gregorio, Rv. 229434). Infatti il titolare di una impresa, in presenza di una pluralità di adempimenti che non è in grado di ottemperare, può trasferire le sue funzioni e connesse responsabilità penali ad altre persone dotate di valida delega, che deve essere chiara (in modo che il soggetto conosca le mansioni attribuitigli) effettiva e conferente al delegato (che deve essere persona tecnicamente idonea) autonomia gestionale ed economica. Ciò posto sul piano generale, si è tuttavia anche precisato, sia pure con riguardo alla disciplina dell'inquinamento idrico e a quella dei rifiuti (ma sulla base di un ragionamento che, evidentemente, atteso quanto subito oltre, non può non riguardare anche la presente materia degli alimenti), che la delega di funzioni può operare quale scriminante della responsabilità penale solo laddove le dimensioni dell'impresa siano tali da giustificare la necessità di decentrare compiti e responsabilità (Sez. 3, n. 422/00 del 03/12/1999, Natali, Rv. 215159; cfr. anche Sez. 6, n. 9715 del 04/09/1997, Prenna, Rv. 209008). Del resto, può qui aggiungersi, è comprensibile che l'esigenza della necessità di decentrare, in funzione partecipativa di professionalità ed esperienze differenziate, l'esercizio dei poteri di direzione e controllo dell'attività produttiva, non si ponga laddove si versi nel caso di una struttura semplice, rientrando in tal caso, si potrebbe dire "per definizione", tra i compiti dell'amministratore della società l'organizzazione dell'impresa e la vigilanza sull'intero andamento aziendale (cfr., con riguardo al settore "alimentare", Sez. 3 n. 11909 del 22/02/2006, Rv. 233566);

diversamente ragionando, infatti, si consentirebbe al legale rappresentante di sottrarsi ad una responsabilità per legge incombente solo sul medesimo senza che ricorrano le condizioni volte ad evitare che, per l'impossibilità di esercitare un effettivo controllo (attese appunto le rilevanti dimensioni dell'impresa), detta responsabilità finisca per assumere sembianze "oggettive" incompatibili con il principio dell'art. 27 Cost., comma 1.

Sez. 3, Sentenza n. 46710 del 2013, in www.cortedicassazione.it

Nella specie, già il Tribunale aveva escluso, che nella struttura organizzativa dell'azienda dell'imputato, gestendo lo stesso tre supermercati dislocati in un medesimo e limitato ambito territoriale, la delega non poteva ritenersi idonea ad escludere la responsabilità dell'imputata.

Come già osservato dalla Corte

l'imprenditore (o il vertice esecutivo dell'impresa societaria) assume certamente la responsabilità dell'organizzazione imprenditoriale anche per quanto concerne l'impostazione delle azioni volte al rispetto della normativa in materia di igiene degli alimenti. Possono crearsi, tuttavia, ulteriori posizioni di garanzia allorquando l'esigenza dell'efficacia nell'espletamento di queste azioni e nel controllo fattuale delle stesse abbia comportato l'affidamento di tale compito ad altri soggetti per non essere l'imprenditore personalmente in grado di garantirne il puntuale svolgimento. In tal caso - <u>per il principio della personalità della responsabilità penale espresso dall'art. 27 Cost. - il garante primario risponderà in concreto non di tutto ciò che accade</u>

nell'ambito dell'azienda, bensì soltanto, quanto ai reati colposi, dette violazioni di legge, nonché dell'osservanza delle regole di diligenza, prudenza e perizia relative alla sua posizione.
Sez. 3, Sentenza n. 28541 16/02/2012, inwww.cortedicassazione.it

Diversamente, quando l'apparato commerciale di una società sia articolato in più unità territoriali autonome, ciascuna affidata ad un soggetto investito di mansioni direttive, come già accennato, il problema della responsabilità deve essere affrontato con riferimento alla singola struttura aziendale, all'interno della quale dovrà ricercarsi il responsabile dei fatti, senza dovere necessariamente esigere la prova specifica di una delega ad hoc da parte del legale rappresentante.

Nella singola struttura, poi, il soggetto responsabile va individuato in base alla mansioni in concreto esercitate.

Al riguardo il collegio ritiene di dover adesivamente richiamare quelle pronunzie di legittimità che, affrontando analoghe tematiche che riguardavano anche il problema della mancanza di una specifica delega per iscritto (v., in particolare, Sez. 3, Sentenza n. 19642 del 06/03/2003 Ud. dep. 28/04/2003 Rv. 224848; dr. altresì sent. 4^ pen. n. 548 del 3/3/98, in materia di prevenzione infortuni, sent. 3^ pen. n. 681 del 26/2/98, in materia di commercio di prodotti alimentari), hanno avuto modo, con convincenti argomentazioni presupponenti una realistica valutazione delle esigenze della moderna economia, imponenti l'articolato decentramento delle grandi strutture produttive, ed un approccio ragionevole alla problematica della suddivisione delle responsabilità, anche organizzative e di vigilanza di chiarire come l'esigenza di una delega scritta o comunque formale, da parte degli organi verticistici di una società di rilevanti dimensioni, sia superflua, dovendosi presumere in re ipsa, allorquando ricorra la suddivisione dell'azienda in distinti settori, rami o servizi, ai quali siano preposti soggetti qualificati ed idonei. Tale principio, del tutto condiviso dal collegio per la sua aderenza a quello basilare dettato dall'art. 27 Cost., comma 1, ed anche In considerazione della fondamentale regola logica secondo la quale nemo ad impossibilia tenetur (che impedisce il contemporaneo svolgimento, da parte di un unico soggetto, di innumerevoli mansioni, anche di vigilanza, consentendone all'interno di grandi aziende, la delega ed il decentramento; v., al riguardo, in tema di smaltimento di rifiuti, Cass. 6^ n. 9715 del 4/9/97) <u>comporta che nei casi, come nella specie, in cui l'apparato produttivo della società sia articolato in una serie di unità territoriali autonome, ciascuna affidata ad un soggetto all'uopo investito di mansioni direttive, il problema della responsabilità vada affrontato, sia pure in base ai consueti dettami della giurisprudenza di legittimità, con riferimento a quella singola struttura aziendale, all'interno della quale soltanto dovrà ricercarsi il responsabile dei fatti, commissivi o omissivi, integranti la colpa contravvenzionale in concreto contestata.</u>

Sez. 3, Sentenza n.468 del 2013, in www.cortedicassazione.it.

MICROORGANISMI

Cariche microbiche superiori ai limiti

La presenza di cariche microbiche superiori ai limiti consentiti non integra l'ipotesi di cui all'art. 5 lett. d) della legge 30 aprile 1962 n. 283, relativa alle sostanze alimentari insudiciate, invase da parassiti, in stato di alterazione o comunque nocive, ma la diversa ipotesi di cui alla lett. c) della stessa Legge, per la cui configurabilità non è sufficiente una analisi qualitativa del prodotto, essendo necessario l'accertamento del superamento dei citati limiti di tolleranza.

Il Giudice monocratico del Tribunale di Milano aveva ritenuto il procuratore speciale di una mensa responsabile del reato previsto dalla L. 283 del 1962, art. 5, lett. d), perché deteneva per la somministrazione sostanze alimentari invase dalla listeria monocytogenes.

Il ragionamento sotteso a tale conclusione, era stato fondato sull'analisi del prodotto, precisamente di un cibo già cotto, destinato alla somministrazione in una scuola, dove erano stati riscontrati i citati microrganismi, che non avrebbero potuto essere eliminati con il riscaldamento da effettuarsi prima del consumo.

In questo caso, però, era stata effettuata solo una analisi qualitativa e non quantitativa nel prodotto, atta a verificare se la presenza di listeria monocytogenes superasse i limiti di tollerabilità di cui alla Ord. Min. 7 dicembre 1993.

La fattispecie concreta è stata sussunta dal Pubblico Ministero nella ipotesi di reato di cui alla L. n. 283 del 1962, art. 5 lett. d, (che concerne le sostanze alimentari "insudiciate, invase da parassiti, in stato di alterazione o comunque nocive....") e tale riferimento normativo è stato ritenuto corretto dai Giudici. In realtà il nome juris sotto cui inquadrare il caso in esame era l'ipotesi dell'art. 5, sub c, che specificatamente considera gli alimenti "con cariche microbiche superiori ai limiti stabiliti dal regolamento di esecuzione o da ordinanze ministeriali"; risulta dal chiaro testo normativo che per il perfezionamento di tale fattispecie di reato è necessario l'accertamento del superamento dei limiti di tolleranza imposti a garanzia della qualità del prodotto. Di conseguenza, come correttamente segnalato dal ricorrente, l'analisi dell'alimento non avrebbe dovuto essere limitata al dato qualitativo, ma avrebbe dovuto estendersi a quello quantitativo al fine di verificare se la carica microbica esorbitasse dai parametri consentiti dalla Ord. Min. 7 dicembre 1993.

L'indagine tempestivamente omessa non è ora più attuabile stante il deterioramento del campione per cui si deve concludere che l'organo della accusa non ha provato un elemento costitutivo del reato (superamento dei limiti di accettabilità della carica batterica). In tale contesto, si impone un annullamento senza rinvio della sentenza in esame perché il fatto non sussiste.

Sez. 3, Sentenza n. 46764 del 16/11/2005 in C.E.D. Rv. 232654. In RIVISTA PENALE ANNO 2006 FASC. 6 PAG. 691

Quindi, in presenza di microrganismi l'analisi da compiere sugli alimenti è di tipo quantitativo. Ciò consente l'individuazione dell'eventuale superamento del limite stabilito. Ragionando con gli stessi termini del giudice di primo grado la sola presenza di microorganismi genererebbe l'integrazione di un reato, e non avrebbe avuto alcun senso fissare dei limiti di tolleranza a livello ministeriale.

Anche nel caso di alimento contaminato da escherichia coli, la Cassazione ha opportunamente inquadrato l'ipotesi della L. n. 283 del 1962, art. 5 lett. c).

Deve precisarsi come il Giudice abbia ritenuto accertato in punto di fatto, avendo come referente le indagini del consulente di ufficio, che il campione di alimento per cui è processo presentasse cariche microbiche, derivanti da escherichia coli, in quantità stimata molto probabile di quattro batteri per ogni chilogrammo di campione; le indagini sul punto condotte dal consulente dell'imputato non sono state reputate significative perché non estese alla ricerca della escherichia coli.

Il Giudice ha avuto cura di precisare come l'alimento non fosse dannoso per la salute e, per tale considerazione, ha derubricato l'originario delitto contestato dall'accusa nella contravvenzione L. n. 263 del 1962, ex art. 5.

La presenza di microrganismi estranei alla composizione naturale dell'alimento è stata valutata dal consulente di ufficio superiore ai valori tollerati e questo tema non è stato approfondito nella sentenza in esame; ciò in quanto, il Giudice ha superato la problematica sui limiti consentiti per le cariche microbiche reputando che lo stato dell'alimento fosse causato da carenze igieniche e fosse "insudiciato dalla presenza di escherichia coli". Con tale motivazione non si sono tenute nel debito conto le distinzioni tra le fattispecie di reati enucleate dall'art. 5, Legge citata. L'ipotesi prevista dalla lett. d) riguarda sostanze insudiciate, invase da parassiti, in stato di alterazione o, comunque, nocive, mentre quella della lett. c) concerne la presenza negli alimenti di cariche microbiche superanti i limiti consentiti; per il perfezionamento di questa ultima ipotesi di reato non è sufficiente una analisi quantitativa del prodotto, essendo necessaria l'indagine sul superamento dei limiti di tollerabilità (ex plurimis: Cass. Sez. 3 sentenza 46764/2005). Di conseguenza il Giudice doveva ritenere applicabile al caso la previsione dell'art. 5 sub e della norma con la ulteriore conseguenza che l'indagine doveva essere estesa alla verifica della condizione richiesta per la rilevanza penale della condotta.

Per questa violazione di legge, la sentenza impugnata deve essere annullata con rinvio al Tribunale per un nuovo esame.

Sez. 3, Sentenza n. 29988 del 2011, in C.E.D. Rv. 251253 e Rv. 251254.

INSUDICIATO

Insudiciato o infestato da parassiti
Esposizione agenti atmosferici. Molluschi

Ai fini dell'integrazione del reato di cui all'art. 5 lett. d) L. 30 aprile 1962 n. 283 è indispensabile che il prodotto alimentare si presenti oggettivamente insudiciato o infestato da parassiti, ovvero alterato, non essendo sufficiente la semplice esposizione della sostanza alimentare agli agenti atmosferici.

Colui che pone in commercio al dettaglio mitili in "confezioni" deve adottare tutte le precauzioni igienico sanitarie riguardanti sia la conservazione di esse, sia i locali, i banchi e le modalità di esposizione e di vendita.

Il procedimento penale era stato generato da un controllo presso una pescheria dove il legale rappresentante aveva collocato mitili su un banchetto di legno, all'esterno del locale pescheria, esposti agli agenti atmosferici in una giornata estiva, e non contenuti negli appositi retini che impediscono l'apertura delle valve.

Il Tribunale aveva affermato la colpevolezza dell'imputato in ordine al reato di cui della L. n. 283 del 1962, art. 5 lett. b) e d), per avere detenuto per la vendita molluschi eduli in cattivo stato di conservazione, nonché insudiciati.

Il giudice di merito ha desunto l'insudiciamento dei molluschi eduli e la conseguente sussistenza anche della ipotesi di reato di cui alla L. n. 283 del 1962, art. 5 lett. d), quale conseguenza della generica esposizione del prodotto alimentare agli agenti atmosferici. È stato, però, affermato dal consolidato indirizzo interpretativo di questa Suprema Corte in materia che "Per la configurabilità della contravvenzione di cui alla L. 30 aprile 1962, n. 283, art. 5 lett. d), (disciplina igienica delle sostanze alimentari) è indispensabile che il prodotto alimentare si presenti oggettivamente "insudiciato" o, alternativamente, "infestato da parassiti" ovvero "alterato", senza che tali circostanze possano essere desunte dalle condizioni di conservazione dell'alimento, atteso che, trattandosi di reato di pericolo, per la cui integrazione è sufficiente il pericolo di un danno per la salute pubblica, la presunzione di pericolosità non può farsi discendere dalla ulteriore presunzione che lo stato previsto dalla citata lett. d) discenda dalle condizioni ambientali nelle quali l'alimento viene tenuto" (sez. 3, 200009449, Campitiello, RV 217578; conf. sez. 3, 200324799, RV Scherillo, 225315).

Orbene, <u>poiché il giudice di merito ha affermato che i molluschi eduli erano insudiciati, in assenza di qualsiasi prova sul punto, non essendo all'uopo sufficiente la mera esposizione della sostanza alimentare agli agenti atmosferici, l'imputato deve essere assolto da detta ipotesi di reato perché il fatto non sussiste.</u>

Le norme emanate in materia, di cui ai D.M. 14 novembre 1973, contenente disposizioni "sull'igiene della produzione e del commercio dei molluschi eduli", e dal D.M. 4 ottobre 1978, contenente disposizioni "concernenti le modalità di confezionamento, il periodo e le modalità di conservazione dei molluschi eduli, le specie di molluschi che possono essere vendute sgusciate", norme che continuano ad applicarsi ai sensi della D.Lgs. 30 dicembre 1992, n. 530, art. 19, comma 1 lett. e).

Prevedono espressamente che i banchi destinati alla vendita dei molluschi e dei frutti di mare devono essere:

1) costituiti o almeno ricoperti da materiale impermeabile lavabile che non presenti soluzione di continuità;
2) muniti di dispositivi che mettano la merce al riparo da ogni eventuale insudiciamento e da contatti o manipolazioni del pubblico;
3) muniti di impianto refrigerante che assicuri una temperatura idonea al mantenimento della freschezza e della vitalità del prodotto.

A quest'ultimo fine è consentito anche l'impiego di ghiaccio di acqua potabile, purché detto ghiaccio non venga posto a contatto diretto con i molluschi.

È stato peraltro puntualmente già precisato in analoga fattispecie da questa Suprema Corte che "Colui che pone in commercio al dettaglio mitili in "confezioni" deve adottare tutte le precauzioni igienico sanitarie riguardanti sia la conservazione di esse, sia i locali, i banchi e le modalità di esposizione e di vendita..." (sez. 3; 199605236, Gianniello, RV 204981).

Orbene, nel caso in esame il giudice di merito ha accertato che i molluschi eduli, a prescindere dalla necessità della loro conservazione negli appositi sacchetti, erano esposti in vendita all'esterno dei locali della pescheria ed esposti al calore della giornata estiva, sicché erano tenuti in condizioni del tutto incompatibili con le esigenze della buona conservazione del prodotto alimentare.

Sussiste, pertanto la violazione di cui alla L. n. 283 del 1962, art. 5 lett. b), che non richiede affatto, ai fini della configurazione di detta ipotesi contravvenzionale, anche la pericolosità per la salute del prodotto alimentare (cfr. sez. 3, 2.9.2004 n. 35828, Cicolella, RV 229392).

Infine, <u>le considerazioni del ricorrente circa la natura consuetudinaria delle modalità di esposizione per la</u> vendita di cui alla contestazione e le altre sono del tutto irrilevanti sul piano giuridico, mentre l'assunto, secondo il quale il sistema di produzione dei molluschi eduli implica necessariamente il loro stato di insudiciamento, ignora che prima di essere posti in commercio gli stessi devono essere sottoposti a procedimento di stabulazione negli appositi impianti.

Sez. 3, Sentenza n. 19710 del 2007, in C.E.D. Cassazione Rv. 236746.

Insetti

La presenza di una mosca nella pietanza da consumare costituisce fatto idoneo ad inficiare l'integrità alimentare della stessa, con conseguente pericolo, anche concreto, per la salute pubblica, tanto da integrare il reato di cui alla Legge n. 283 del 1962, art. 5 lettera d).

Il procedimento nasceva dalla somministrazione, in una mensa di alunni della scuola elementare, di una porzione di prodotto alimentare, costituita da patatine fritte e bastoncini di pesce, contenuta in piatto di plastica ed insudiciata dalla presenza di una mosca.

Detto insetto era di per sé solo fonte di possibile nocumento alla salute degli utenti della mensa.

Ricorrevano, pertanto, senza ombra di dubbio, gli elementi costitutivi, oggettivo e soggettivo, del reato di cui alla L. n. 283 del 1962, art. 5, lett. d) e art. 6, come contestato in atti.

La presenza di una mosca nella pietanza da consumare costituisce fatto idoneo ad inficiare l'integrità alimentare della stessa, con conseguente pericolo, anche concreto, per la salute pubblica;

gli asseriti adempimenti relativi alle misure di prevenzione in materia di igiene - che si assumono adottati dall'azienda (gestita dall'imputata) che confezionava le pietanze alimentari in esame - costituisce circostanza autoreferenziale. Detto assunto, comunque, è risultato nel caso concreto inidoneo a garantire i prescritti standard di sicurezza igienica degli alimenti confezionati, con conseguente sussistenza dell'elemento soggettivo (la colpa) del reato de quo-, nei confronti della ricorrente.

Sez. 3, Sentenza n. 35708 del 2010, in C.E.D., Rv. 248489.

MOMENTO CONSUMAZIONE DEL REATO

SOSTANZE DI QUALITÀ INFERIORE.

Il reato di cui alla Legge 30 aprile 1962, n. 283, art. 5, comma primo, lett. a) è già consumato nel momento in cui il prodotto alimentare viene preparato ed etichettato e non necessita della consegna del prodotto stesso all'acquirente.

Per l'integrazione della fattispecie citata è sufficiente la mera colpa ai sensi dell'art. 43 c.p.. Tale colpa può consistere anche in mera negligenza nelle dovute verifiche sulla conformità alla normativa del prodotto alimentare preparato o detenuto per la vendita.

Il momento di consumazione del reato di cui alla lettera a) dell'art. 5 in oggetto, non può che essere quello della preparazione del prodotto, pronto per la vendita o la somministrazione.

Trattasi, infatti, intanto di un reato di pericolo, ma, soprattutto, di una condotta anticipata rispetto alla realizzazione finale del prodotto alimentare; la norma è chiara:

"è vietato impiegare nella preparazione di alimenti o bevande, vendere, detenere per vendere o somministrare come mercede ai propri dipendenti o comunque distribuire per il consumo sostanze alimentari: a) private anche in parte dei propri elementi nutritivi o mescolate a sostanze di qualità inferiore o comunque trattate in modo da variarne la composizione naturale, salvo quanto il disposto da leggi e regolamenti speciali".

Il divieto normativo, quindi opera già al momento della preparazione.

La sentenza in esame riguarda la contestazione che nella preparazione di mozzarella, definita come "mozzarella di bufala campana", il produttore aveva inserito una quantità di latte di specie bovina nella misura del 51%, in violazione quindi di quanto indicato sull'etichetta del prodotto e nella normativa di settore. Il riferimento preciso è il Disciplinare di produzione della Denominazione di Origine Protetta "Mozzarella di Bufala Campana",

L'art. 3

La "Mozzarella di bufala campana" è prodotta esclusivamente con latte di bufala intero fresco.

La difesa dell'imputato ha sottoposto all'attenzione della Corte la mancanza delle verifiche finali per l'immissione in commercio, in pratica,

Nel caso in esame, trattandosi di merce prodotta per essere venduta, destinata al mercato degli Stati Uniti, il momento di consumazione del reato non è quello in cui il prodotto viene fabbricato ma quello in cui il prodotto viene sottoposto a tutte le verifiche finali previste dalla normativa per poter essere immesso al consumo. In proposito:

a) aveva fatto richiesta di certificazione al competente Servizio Veterinario dell'ASL e quest'ultimo, per rilasciarla, aveva campionato e sottoposto ad analisi la mozzarella de quo. Pertanto solo al momento del rilascio della suddetta certificazione il formaggio sarebbe stato pronto per l'immissione in commercio ovvero per la spedizione negli Stati Uniti;

b) contemporaneamente, in ottemperanza alle vigenti disposizioni in materia di autocontrollo per le aziende alimentari, l'imputato aveva inviato un campione della stessa mozzarella ad un laboratorio esterno incaricato dell'autocontrollo aziendale e solo all'esito favorevole di tale autocontrollo avrebbe disposto per l'immissione in commercio del formaggio in questione.

Secondo la difesa del ricorrente doveva quindi concludersi che, al momento della campionatura da parte del Servizio Veterinario, il prodotto in questione non poteva reputarsi pronto per la consegna e non era neppure qualificabile come detenuto per la vendita o per la distribuzione al consumo.

Con il secondo motivo il ricorrente deduce che al momento dell'accertamento la mozzarella non poteva ritenersi né sul piano giuridico né sul piano fattuale pronta per la consegna in quanto:

A) *non era ancora pervenuto all'imputato il certificato delle analisi richieste al laboratorio esterno di autocontrollo, analisi al cui esito favorevole soltanto il produttore può immettere sul mercato un prodotto alimentare;*

B) *ancora non era stato rilasciato dall'ASL, il cui intervento era stato richiesto dall'imputato medesimo, il certificato di conformità indispensabile per poter avviare la spedizione negli Stati Uniti della partita di mozzarella di bufala campana.*

In altri termini, né sul piano giuridico né su quello fattuale poteva considerarsi la merce pronta per la immissione in commercio quanto piuttosto in uno stadio anteriore e privo di rilevanza penale. Si trattava quindi di fatti preparatori non punibili.

In ordine ai motivi il Collegio rileva che all'imputato è stato contestato il reato di cui alla L. 30 aprile 1962, n. 283, art. 5 che al comma 1, lett. a) ...

<u>*Trattandosi di prodotto già preparato ed etichettato al momento dell'accertamento si era già consumata la violazione, non essendo necessaria la consegna del prodotto.*</u>

Sono quindi indifferenti, ai fini del decidere, i rilievi dell'imputato in ordine alla destinazione all'estero del prodotto ed al mancato esaurimento delle procedure relative a tale destinazione e vanno quindi respinti perché infondati i primi due motivi di ricorso.

Con il terzo motivo il ricorrente lamenta la carenza di motivazione in ordine all'elemento soggettivo del reato in quanto lo stesso Tribunale aveva rilevato che non era emersa la prova, oltre ogni ragionevole dubbio, della consapevolezza da parte dell'imputato che si trattasse di merce diversa da quella dichiarata.

In ordine al motivo il Collegio rileva che, come ha correttamente precisato il Tribunale, trattandosi di contravvenzione, è sufficiente la mera colpa ai sensi dell'art. 43 c.p.. Tale colpa può quindi consistere anche in mera negligenza nelle dovute verifiche sulla conformità alla normativa del prodotto alimentare preparato o detenuto per la vendita e nel caso in esame era stato accertato che la merce etichettata come "mozzarella di bufala" conteneva, in misura maggiore della metà, latte di vacca con conseguente violazione della cit. L. n. 283 del 1962, art. 5.

Sez. 3, Sentenza n. 14285 del 2010, in C.E.D. Rv. 246809.

Ritiro del prodotto dal mercato

Il ritiro di prodotti alimentari non in regola con le norme igienico-sanitarie, già preparati e distribuiti per il consumo, non esclude l'integrazione del reato di cui alla L. n. 283 del 1962, art. 5, comma primo, perché lo stesso reato si consuma con la sola preparazione e distribuzione per il consumo. Il ritiro della merce può, però, rilevare ai fini della determinazione della pena.

Il legale rappresentante di una società che produceva per la vendita confezioni di tonno all'olio di oliva con presenza di istamina superiore al limite consentito dalla legge, era stato condannato in ordine al reato di cui alla L. n. 283 del 1962, art. 5, comma 1, lett. d).

Con il primo mezzo di annullamento il ricorrente denuncia la illogicità della motivazione della sentenza impugnata, per travisamento delle risultanze probatorie, in ordine all'accertamento della destinazione al commercio delle confezioni di tonno nelle quali è stata rilevata la presenza di istamina.

Si deduce, in sintesi, sul punto, riportando le deposizioni dei testi escussi indicati dalla difesa, che il giudice di merito ha illogicamente affermato che il ritiro della merce è stato disposto dall'azienda in via di autotutela dopo l'intervento della ASL, poiché dalle citate deposizioni testimoniali emerge che l'azienda aveva già in precedenza disposto il ritiro delle confezioni presso i clienti e che le stesse erano state depositate in un'apposita area dell'azienda, nella quale veniva accantonata la merce destinata alla distruzione. Si osserva anche che nello stesso verbale di prelievo dei campioni risulta attestato che il prodotto non era in commercio.

...la tesi difensiva del ricorrente si palesa altresì inconferente al fine di escludere la responsabilità dell'imputato. Le fattispecie di reato previste dalla L. n. 283 del 1962, art. 5, comma 1, si perfezionano, tra l'altro, anche con la sola preparazione o distribuzione per il consumo di alimenti contenenti sostanze nocive (cfr. sez. 1, 27.5.1994 n. 6228; sez. 3, 8.8.2006 n. 28355, Sollutrone, RV 234048), trattandosi di reato di pericolo (cfr. sez. 6, 18.4.1973 n. 3146, Di Stefano ed altre).

> *Gli accertamenti relativi alla salubrità degli alimenti, infatti, devono essere eseguiti nel momento stesso della loro preparazione, sicché a nulla rileva, se non ai fini della determinazione della pena, il fatto che successivamente alla preparazione ed alla distribuzione per il consumo delle confezioni di tonno, come avvenuto nel caso in esame, l'azienda sia intervenuta per ritirare la merce dagli acquirenti ai quali era già stata distribuita.*
> **Sez. 3, Sentenza n. 17549 del 2010, in CED, Rv. 247489.**

Da quanto sopra, occorre dedurre che è necessario attendere l'esito delle analisi in autocontrollo, prima di distribuire per il consumo il prodotto alimentare. In effetti, non sempre le analisi sono tempestive, ed il rischio è quello di rallentare la messa in commercio dei prodotti. Stando al fatto che il reato in oggetto è di pericolo presunto, non si può però dimenticare che l'azione deve pur essere idonea ad integrare il reato, cioè non vi deve essere la configurazione della inidoneità dell'azione posta in essere.

ORGANISMI GENETICAMENTE MODIFICATI
(OGM)

Etichettatura prodotto OGM

La preparazione e la vendita di alimenti contenenti organismi geneticamente modificati (OGM) integrano la contravvenzione di cui all'art. 5, comma 1, lettera a), della Legge n. 283 del 1962 in materia di disciplina igienica di sostanza alimentari, atteso che la norma citata intende tutelare la "genuinità naturale" dell'alimento garantendo che esso non venga manipolato nella sua struttura biochimica. (Sentenza emessa prima dell'entrata in vigore della disciplina dettata Decreto Legislativo 21 marzo 2005, n. 70 "Disposizioni sanzionatorie per le violazioni dei regolamenti (CE) numeri 1829/2003 e 1830/2003, relativi agli alimenti ed ai mangimi geneticamente modificati")

La presenza negli alimenti di organismi geneticamente modificati (OGM) in misura inferiore all'1% a causa di una contaminazione accidentale o tecnicamente inevitabile e la conseguente mancata indicazione degli stessi nell'etichetta, non configura il reato di cui alla Legge 30 aprile 1962 n. 283, art. 5, comma primo lett. a), dato quanto stabilito Regolamento CE 49/2000, del 10 gennaio 2000.

Innanzi tutto, occorre precisare che la sentenza in oggetto del 2004 è stata emessa in presenza di un regime legislativo successivamente modificato.

Ma, il ragionamento del relatore è tutt'ora in parte utilizzabile.

È comunque utile rappresentare in breve, trattandosi di materia molto delicata, il problema dell'alimento contenente o derivato da OGM e la sua identificazione.

Il quadro normativo in materia di OGM si ulteriormente perfezionato con Regolamento (CE) n. 1829/2003 del Parlamento Europeo e del Consiglio del 22 settembre 2003 relativo agli alimenti e ai mangimi geneticamente modificati e al Regolamento (CE) N. 641/2004 Della Commissione del 6 aprile 2004 che ne detta le norme attuative per quanto riguarda la domanda di autorizzazione di nuovi alimenti e mangimi geneticamente modificati, la notifica di prodotti preesistenti e la presenza accidentale o tecnicamente inevitabile di materiale geneticamente modificato che è stato oggetto di una valutazione del rischio favorevole.

Il regolamento CE 1829 del 22.09.2003 nasce con l'obiettivo di conformarsi e principi generali stabiliti nel regolamento 178/2002 ed inoltre intende armonizzare l'etichettatura dei prodotti OGM.

Per quello che riguarda l'etichettatura e la presentazione dei prodotti alimentari lo spunto, ovviamente, è stato tratto dalla direttiva 2000/13 CE (inerente l'avvicinamento delle legislazioni degli stati membri, concernente, appunto, l'etichettatura, nonché la relativa pubblicità dei prodotti alimentari) la quale dispone che l'etichetta di un prodotto alimentare non debba trarre in inganno l'acquirente, quanto alle caratteristiche dell'alimento, ed in particolare per quanto riguarda la natura, l'identità, la qualità, la composizione, il modo di produzione e la fabbricazione dell'alimento.

Inoltre, l'etichetta deve informare sulle caratteristiche e proprietà che rendano un alimento o mangime diverso dalla sua versione tradizionale, per quanto riguarda la composizione, il valore nutrizionale o gli effetti nutrizionali e l'uso cui è destinato, nonché le conseguenze per la salute di alcuni settori della popolazione, le caratteristiche e le proprietà che possano dar luogo a preoccupazioni di ordine etico o religioso.

Tracce minime di materiale OGM possono trovarsi negli alimenti e mangimi tradizionali, a causa della presenza accidentale o tecnicamente inevitabile nel corso della produzione delle sementi, della coltivazione, del raccolto, del trasporto o della lavorazione. In tali casi, l'alimento col mangime non deve essere assoggettato a quanto disposto nel presente regolamento in materia di etichettatura, e per tale obiettivo è stata stabilita una soglia in ordine alla presenza accidentale o tecnicamente inevitabile del materiale OGM, in pratica quando tale presenza è tollerata.

Al fine di stabilire se la suddetta presenza sia accidentale o inevitabile, gli operatori del settore devono essere in grado di dimostrare di aver adottato tutti i provvedimenti necessari al fine di evitare la verificazione di tale evento.

Sempre in merito

non trova applicazione purché la presenza non superiore allo 0,9 % di OGM sia stata accidentale o tecnicamente inevitabile. Al contrario, una presenza evitabile anche in percentuale inferiore allo 0,9 % deve essere dichiarata come previsto nella norma.

Accidentale e tecnicamente inevitabile sono da considerarsi esclusivamente legati al singolo operatore, sul quale grava l'onere della prova.

Per stabilire se la presenza di OGM è accidentale gli operatori devono essere in grado di comprovare alle autorità competenti di aver preso le opportune misure per evitare di utilizzare come base di partenza gli OGM stessi.

In merito, però, il regolamento in oggetto non indica alcun criterio che possa essere seguito dal produttore stesso per comprovare all'autorità competente di aver preso le opportune misure per evitare di utilizzare gli OGM o, quanto meno, che la presenza di materiale derivato da OGM in misura non superiore 0,9% sia del tutto accidentale.

Il Ministero della Salute, in data 20 maggio 2000, ha inviato una comunicazione agli assessorati alla Sanità delle Regioni e delle Province autonome con la quale ha esortato gli stessi a porre in atto tutte le misure per un'adeguata verifica del rispetto delle disposizioni contenute nei Regolamenti CE 49/2000 50/2000, precisando la disposizione riguardante la soglia dell'1% prevista in tale abrogata normativa.

Il Ministero in oggetto ritiene che la presenza accidentale possa essere documentata, fra l'altro, mediante i dati relativi alle procedure di autocontrollo messi in atto e riguardanti, in particolare:

- la selezione del fornitore;
- la certificazione e/o dichiarazione da parte dello stesso in ordine alle caratteristiche dei prodotti finiti;
- le precauzioni messe in atto qualora nella stessa impresa, in una medesima linea di produzione, vengano preparati alternativamente alimenti prodotti con ingredienti contenti OGM e non;

- *l'analisi secondo criteri fissati nei piani di autocontrollo.*

Anche alla luce della citata comunicazione è opportuno evidenziare il problema non indifferente della incertezza nella quale il produttore finale è costretto ad operare, dato che si deve fidare di quanto gli è stato dichiarato dai fornitori.

Nessun dubbio può sorgere, infatti, sull'esonero di ogni responsabilità di quel produttore che ha agito sempre correttamente e adottando le opportune misure, verificando e controllando, inoltre, le certificazioni e dichiarazioni che gli sono state rilasciate in ordine ai prodotti che ha acquistato o che gli sono stati forniti, e, di conseguenza, il dichiarante mendace dovrà tenere indenne il destinatario delle sue dichiarazioni dalle conseguenze dannose che le stesse hanno causato.

S. Catellani, OGM La normativa del settore alimentare, pagg. 211 e ss. Monte Università Parma, 2005.

Occorre chiarire che nel caso di materiale derivato da OGM in misura non superiore 0,9% presente nell'alimento, non vi deve essere una inversione dell'onore della prova sul fatto che sia del tutto accidentale. In sostanza, è sufficiente che produttore si limiti a dimostrare che ha adottato tutte le misure necessarie ad evitare contaminazioni.

Segue il Regolamento CEE/UE n° 1830 del 22/09/2003del Parlamento Europeo e del Consiglio del 22 settembre 2003 concernente la tracciabilità e l'etichettatura di organismi geneticamente modificati e la tracciabilità di alimenti e mangimi ottenuti da organismi geneticamente modificati, nonché recante modifica della direttiva 2001/18/CE.

Il Regolamento in oggetto nasce appunto dall'esigenza di dettare prescrizioni unitarie in materia di tracciabilità OGM, anche per facilitarne il ritiro dal mercato, qualora ciò si renda necessario, agevolando, quindi, la gestione del rischio, conformemente al principio di precauzione.

Questa normativa ha fissato anche la soglia della presenza accidentale o tecnicamente inevitabile di OGM, così come previsto nell'articolo 47, del

Regolamento 1829 del 2003, uniformandosi, praticamente alla soglia dettata in quella stessa normativa, cioè dello 0, 9%.

È utile ricordare come sia stato importante che la normativa specificasse la tracciabilità dell'OGM,

La tracciabilità può essere definita come la capacità di rintracciare gli OGM e i prodotti ottenuti a partire da OGM in tutte le fasi del processo di immissione in commercio, lungo l'intera catena di produzione e distribuzione, con la possibilità di effettuare controlli di qualità ed eventualmente ritirare i prodotti dal mercato.

La tracciabilità è anche la garanzia di una "rete di sicurezza".

La ricostruzione a ritroso dei passaggi compiuti da OGM e prodotti ottenuti a partire da OGM lungo la catena di produzione e distribuzione verrà agevolata grazie alle disposizioni in commento, basate sull'obbligo di trasmettere e conservare le informazioni più importanti relative a tali prodotti, in tutte le fasi della loro immissione in commercio.

Questo sistema di tracciabilità riduce il rischio di discontinuità ed interruzione del flusso di informazioni lungo la catena alimentare e, quindi, facilita:

— il ritiro dal mercato di un prodotto, qualora si accerti la presenza di rischi imprevisti per la salute umana o per l'ambiente;

— il monitoraggio mirato dei potenziali effetti sulla salute umana o sull'ambiente;

— il controllo e la verifica delle diciture apposte sull'etichetta.

Il sistema di tracciabilità può funzionare solo a condizione che si possa stabilire l'identità degli OGM contenuti in un prodotto sin dalla prima fase della sua immissione in commercio e lungo l'intera catena di produzione o distribuzione. Tutto ciò non dovrebbe suscitare problemi per i prodotti che hanno origine all'interno della Comunità.

Esisteranno difficoltà per i prodotti importati dai paesi terzi, soprattutto per i prodotti sfusi di varietà vegetali destinate all'alimentazione, che potrebbero contenere miscele non note di OGM. Gli importatori di questo tipo di derrate nella Comunità saranno tenuti a specificare l'identità dei prodotti, gli OGM contenuti.

Qualora l'esportatore non sia in grado di fornire tali informazioni, spetta agli importatori determinare l'identità degli OGM contenuti nei loro prodotti, ricorrendo a test e analisi di campioni (art. 9, Reg. Ce 1830/2003: "le misure di ispezione e controllo possono comprendere altresì ispezioni e controlli riguardo alla detenzione di un prodotto").

La determinazione dell'identità degli OGM nella fase iniziale è di importanza strategica, poiché tutte queste informazioni devono essere trasmesse e conservate nel corso delle varie fasi dell'immissione in commercio dei prodotti.

La definizione di una soglia massima di tolleranza è, sostanzialmente un compromesso tra l'inevitabilità e l'impossibilità di riscontro tramite analisi di laboratorio,

Affinché le disposizioni in materia di tracciabilità ed etichettatura siano più praticabili e facili da applicare, per quei prodotti per i quali non è possibile evitare sul piano tecnico o per motivi accidentali la presenza di tracce di OGM è stata introdotta la soglia di tolleranza pari allo 0,9 sulla presenza di OGM nel prodotto alimentare o mangime.

Ciò non è altro che la presa di coscienza di una realtà da parte del legislatore comunitario, della netta probabilità di una presenza OGM accidentale in molti degli alimenti presenti sul mercato, derivanti dalle culture OGM presenti, oramai, in tutto il mondo.

In ogni caso, il Regolamento 1830/2003 prevede le diciture in etichetta "questo prodotto contiene organismi geneticamente modificati", dizione del tutto sufficiente a rendere edotto immediatamente il consumatore che, quindi, può esercitare la scelta sull'acquisto del prodotto stesso.

S. Catellani, OGM La normativa del settore alimentare, pagg. 261 e ss. Monte Università Parma, 2005.

Per completare l'argomento si deve tener presente che il Decreto Legislativo 21 marzo 2005, n. 70 "*Disposizioni sanzionatorie per le violazioni dei regolamenti (CE) numeri 1829/2003 e 1830/2003, relativi agli alimenti ed ai mangimi geneticamente modificati*" pubblicato nella *Gazzetta Ufficiale* n. 98 del 29 aprile 2005, ha, appunto, introdotto le sanzioni alle disposizioni in argomento.

Fatte salve le altre disposizioni del diritto comunitario e del diritto interno in materia di etichettatura dei prodotti alimentari, chiunque immette in commercio un alimento di cui all'articolo 12, paragrafo 1, del regolamento, destinato in quanto tale al consumatore finale od ai fornitori di alimenti per collettività, senza rispettare i requisiti in materia di etichettatura di cui all'articolo 13 del regolamento, è punito con la sanzione amministrativa pecuniaria da euro settemilaottocento ad euro quarantaseimilacinquecento (Capo II, Sezione II art. 4 Decreto Legislativo 21 marzo 2005, n. 70, *Disciplina sanzionatoria per le violazioni previste all'articolo 13 del regolamento*).

Chi, invece, immette in commercio un OGM destinato all'alimentazione umana o un alimento di cui all'articolo 3, paragrafo 1, del Regolamento, senza che per esso sia stata rilasciata l'autorizzazione ai sensi della sezione I del capo II del regolamento medesimo, è punito con l'arresto da sei mesi a tre anni o con l'ammenda fino ad euro cinquantunomilasettecento. Se l'immissione in commercio avviene dopo che l'autorizzazione è stata rifiutata, revocata o sospesa, si applica l'arresto da uno a tre anni o l'ammenda fino ad euro sessantamila (Capo II, sezione I, art. 2, Decreto Legislativo 21 marzo 2005, n. 70).

Stante ciò, occorre analizzare se il Regolamento ed il Decreto Lgs. n. 70 del 2005 siano norme speciali rispetto all'art. 5 della Legge 283 del 1962.

L'art. 9 della Legge 24 novembre 1981, n. 689 (*Principio di specialità*) esclude la specialità rispetto alla citata norma sanzionatoria della Legge 283 del 1962, ma in questo caso non opera.

Siamo in presenza di norme che possono essere applicate in concorso. Peraltro, come precisato dalla Corte di Cassazione il principio di specialità non scatta allorché illecito amministrativo ed illecito penale si riferiscano a due momenti distinti del comportamento del trasgressore e tra di essi intercorra un rapporto, non di identità, ma soltanto di connessione teleologica.

Non opera quindi la vis attractiva a favore del giudice penale quando l'illecito amministrativo non costituisce parte integrante sia sotto il profilo oggettivo che sotto quello soggettivo del reato (Cass. sez 3^, 27 maggio 1998 n.7843, in Juris data; Cass Civ. sez. 1^, 25.05.2001, n. 7112, in L'Opposizione alle sanzioni amministrative, M. Fratini).

A maggior ragione, chi immette in commercio un OGM destinato all'alimentazione umana privo dell'autorizzazione, risponderà del reato di cui art. 2, Decreto Legislativo 21 marzo 2005, n. 70 e di quello di cui all'art. 5, comma 1, lett a) della Legge 283 del 1962, sempre che sia superata la soglia massima di tolleranza dell'0,9% (o inferiore ma non accidentale).

Nel caso trattato dalla cassazione,

Ricorre per cassazione il difensore deducendo: 1) violazione e falsa interpretazione ed applicazione della legge penale e delle norme di cui si deve tener conto nell'applicazione della legge penale, avendo il Tribunale ritenuto di non effettuare alcuna indagine in ordine alla riconducibilità dei fatti de quibus ad una fattispecie penalmente rilevante, e quindi avendo omesso di verificare l'ipotetica antigiuridicità di essi; in particolare, non ipotizzabilità della contravvenzione di cui all'art. 5 lett. a) L. n. 283/1962, in quanto il prodotto rispetta la normativa sulla etichettatura stabilita dal regolamento CE n. 49/2000, che implicitamente esonera dall'indicazione in etichetta di derivati transgenici se la loro presenza sia casuale o accidentale ed in misura non superiore all'1% del prodotto totale, e rispetta altresì il disposto dell'art. 1 lett. b) del D.M. (Sanità) n. 371/2001, contenente il regolamento di attuazione della direttiva 99/50/CE sugli alimenti per lattanti ed alimenti di proseguimento, che vieta l'uso di materiale derivato da o.g.m., oltre la tolleranza prevista dal menzionato regolamento CE n. 49/2000; neppure può ipotizzarsi la violazione dell'art. 3, comma 2, D.P.R. n. 128/1999 perché gli alimenti sequestrati rientrano tra quelli "per lattanti di proseguimento", disciplinati da ultimo dal menzionato D.M. n. 371/2001; 2) mancanza e/o manifesta illogicità della motivazione in ordine alla denunziata eccessiva afflittività del sequestro, tenuto conto del prezzo della merce sequestrata (euro 283.301,55) e del rischio di scadenza della stessa nelle more del procedimento, sol perché "potrebbero essere necessari accertamenti tecnici".

Il ricorso merita accoglimento, essendo fondato il primo motivo dal quale l'altro rimane assorbito.

Deve premettersi, infatti, che questo ricorso non differisce sostanzialmente da quello proposto avverso la prima decisione del Tribunale del riesame, sopra ricordata, e deciso da questa Sezione con sentenza 9/7/2003.

Infatti l'ordinanza impugnata si rifà espressamente a quella del 27/2/2003, percorrendo l'identico iter motivazionale, ragione per cui la motivazione della presente decisione non può discostarsi di molto da quella precedente.

Posto che nel caso di specie trattasi di sequestro probatorio e non preventivo, il giudice del riesame deve controllare semplicemente se il reato ipotizzato sia astrattamente configurabile, sebbene sempre con riferimento ad elementi processuali già acquisiti (alla luce della decisione delle Sezioni Unite 29 gennaio 1997 n. 23, Bassi), e se il sequestro sia o meno giustificato ai sensi dell'art. 253 c.p.p. (Cass. Sez. 2^, 9 dicembre 1999, n. 6149, Marini e altro), senza dover verificare in concreto la fondatezza della tesi accusatoria. Ciò premesso, per quanto concerne la astratta configurabilità del reato, rileva il Collegio che il provvedimento impugnato fa riferimento - a differenza di quello precedentemente esaminato da questa Corte, che ipotizzava la violazione anche degli artt. 515 e 516 c.p. - solo alla contravvenzione prevista dall'art. 5, comma 1 lett. a), L. n. 283/1962, fondata sul presupposto dell'utilizzazione, da parte della XXXXX, di organismi geneticamente modificati (OGM) e sulla mancata indicazione di essi nell'etichetta dei prodotti sequestrati. Per quanto concerne l'indicata norma, dettata in materia di disciplina igienica della produzione e della vendita delle sostanze alimentari e delle bevande, si ricorda che essa vieta - tra l'altro - l'impiego nella preparazione di alimenti o bevande (nonché la vendita, la detenzione per vendere, la somministrazione ai propri dipendenti, o la distribuzione per il consumo) di sostanze alimentari "comunque trattate in modo da variarne la composizione naturale", caratteristica questa certamente scontata per gli alimenti geneticamente modificati, tenuto conto che, a proposito di composizione naturale di un prodotto, il legislatore del '62 ha inteso riferirsi al concetto di "genuinita' naturale", quella cioè presente in natura, in totale assenza di modificazioni - per intervento umano - della struttura biochimica dello stesso. Quindi, sotto il profilo della sussistenza dell'elemento materiale, essendo stata accertata la presenza di OGM nei prodotti in sequestro ed essendo pacifico che la stessa non era indicata in etichetta, la contravvenzione de qua sarebbe astrattamente ipotizzabile. Sennonché la norma in esame pone un limite al ricordato divieto di carattere generale, aggiungendo la frase "salvo quanto disposto da leggi o da regolamenti speciali", la cui ampia formulazione deve sicuramente ritenersi comprensiva anche della disciplina, sia comunitaria che nazionale, in materia di OGM. *In altri termini, pur nel rispetto del generale divieto - posto dalla legge n. 283/1962 - di utilizzazione di sostanze alimentari delle quali sia stata variata la composizione naturale, se la legge consente l'immissione sul mercato, e quindi al consumo, di alimenti risultanti da determinate manipolazioni genetiche, ritenendole pertanto legittime, non può ragionevolmente sostenersi, in relazione ad esse, neppure in questa fase, la ipotizzabilità della contravvenzione in questione, la cui sussistenza è proprio subordinata alla condizione negativa della mancanza di specifiche leggi o regolamenti che consentano la variazione suddetta.*

Alla luce delle considerazioni che precedono, occorre valutare se la normativa comunitaria consenta l'utilizzazione di OGM nei limiti accertati dall'autorità inquirente e se risultino violate le prescrizioni in materia di etichettatura di questo tipo di prodotti, perché altrimenti verrebbe meno la configurabilità dell'ipotesi contravvenzionale. La necessità dell'etichettatura, invero, deriva evidentemente dalla scelta politica di non vietare del tutto l'immissione sul mercato di determinati prodotti modificati geneticamente e, nel contempo, dall'esigenza di avvertire gli acquirenti della loro presenza, per evitare problemi (di salute o etici) a determinate categorie di consumatori.

Ma, per affrontare adeguatamente la detta problematica, che presuppone ovviamente l'individuazione della specifica normativa applicabile, si dovrebbe conoscere con certezza l'esatta natura e quindi la tipologia del prodotto in sequestro. Infatti il ricorrente ritiene che esso debba inquadrarsi tra quelli disciplinati dal D. L.vo n. 111/1992 (e non dal D.P.R. n. 128/1999), e quindi che sia disciplinato dal regolamento CE n. 49/2000 della Commissione, del 10 gennaio 2000, modificativo del regolamento CE n. 1139/98.

Se così fosse, deve ricordarsi che il richiamato regolamento del 2000, prendendo atto dell'impossibilità di escludere una contaminazione acciden-

tale di prodotti alimentari mediante DNA o proteine derivati da modificazioni genetiche, rende obbligatoria l'etichettatura (cioè l'indicazione "contiene OGM") esclusivamente per i prodotti i cui componenti superano dell'1% la presenza di derivati transgenici. In definitiva la Comunità, riconoscendo sostanzialmente l'attuale inevitabilità di un certo grado di "contaminazione accidentale" dei prodotti alimentari derivati da soia e mais, è giunta alla conclusione della non necessità di segnalarla ai consumatori, quando, oltre ad essere appunto accidentale, non superi la detta percentuale.

Attualmente, quindi, pur essendo in itinere iniziative normative, sia a livello comunitario che nazionale, volte a ridurre ulteriormente la indicata soglia di tolleranza dell'1%, la contravvenzione in questione è ipotizzabile - beninteso sempre che la contaminazione sia accidentale - solo in caso di superamento di tale limite.

Infatti, al momento non era ancora in vigore il nuovo regime, oggi vigente (ut supra).

Ebbene, gli accertamenti effettuati su campioni dei prodotti in sequestro hanno tutti escluso il superamento del menzionato limite, constatando peraltro - sempre al di sotto della soglia dell'1% una presenza di OGM non costante, ma estremamente variabile da un campione all'altro, il che fa logicamente propendere per l'accidentalità della contaminazione. Del resto, contrariamente a quanto affermato dal Tribunale, ritiene il Collegio che incomba all'accusa la dimostrazione della volontarietà (o meglio della non casualità) della contaminazione, anche in questa fase, non essendo suscettibile di dimostrazione l'accidentalità di essa da parte dell'indagato, se non nei termini probabilistici sopra indicati. Conclusivamente, non essendo stata superata, nel caso in esame, la soglia di tolleranza per l'utilizzo di OGM, posta dal regolamento CE n. 49/2000, né essendo minimamente motivata la volontarietà (o non accidentalità) della contaminazione (anzi vi è sul punto una sostanziale inversione dell'onere della prova), il fumus della contravvenzione ipotizzata, se il prodotto in sequestro avesse le caratteristiche indicate dal ricorrente e fosse dunque disciplinato dal decreto legislativo n. 111/92 e dal detto regolamento, non sarebbe certamente ravvisabile, con conseguente illegittimità del vincolo. Sennonché il Tribunale ha omesso di accertare l'esatta natura del "xxxx", giustificando tale mancato approfondimento con le caratteristiche tipiche del giudizio di riesame, nonché con le difficoltà tecniche che l'indagine presenterebbe, incompatibili con le esigenze di sommarietà e rapidità della fase incidentale. Ritiene però il Collegio che le esposte argomentazioni non siano condivisibili, in quanto neppure nella presente fase possono essere eluse questioni di decisiva rilevanza, quali, ad esempio, l'esatta individuazione e classificazione dei prodotti in sequestro in una o in un'altra categoria di alimenti, soprattutto quando sia differente il regime giuridico al quale vengono sottoposti. Infatti la tolleranza per gli OGM sopra indicata non riguarda ogni categoria di prodotti.

Sez. 3, Sentenza n. 32 del 2004, in C.E.D. Cassazione Rv. 227063
Rivista penale anno 2004 Fasc.04 pag.401.

ETICHETTATURA ALIMENTO OGM E FRODE IN COMMERCIO

Viola il principio di correlazione con l'imputazione la condanna in ordine al reato di vendita di prodotti alimentari adulterati (art. 5, comma primo, lett. a), l. 30 aprile 1962, n. 283), a fronte della contestazione di tentativo di frode in commercio. (Nella specie, si trattava di mangimi per animali contenenti soia geneticamente modificata in percentuale superiore al limite di tollerabilità, informazione non riportata nell'etichetta del prodotto).

All'imputato era stato contestato il reato di cui agli artt. 56 e 515 c.p. perché, quale rappresentante dell'impresa esercente l'attività commerciale di produzione e vendita di mangimi, compiva atti idonei, diretti, in modo non equivoco, a consegnare alla clientela un mangime per vitelli ed un mangime per pecore, contenenti soia O.G.M.; mangimi diversi per qualità rispetto a quelli dichiarata in etichetta, dove era indicato che per la produzione di detti mangimi erano state utilizzate esclusivamente materie prime non dichiarate manipolate geneticamente. Fatto accertato con prelievi.

La merce non era stata venduta l'intervento dei tecnici del Dipartimento di Prevenzione dell'ASL .

All'esito del giudizio di merito l'imputato veniva riconosciuto colpevole del reato di cui alla L. n. 283 del 1962, art. 5, comma 1, lett. a), art. 6, comma 3, per aver posto in commercio quei mangimi considerati dal giudice di primo grado adulterati, poiché contenevano soia geneticamente modificata in percentuale superiore al limite di tollerabilità (pari all'1%).

che il fatto/reato posto a base dell'affermazione di responsabilità, costituisce fatto/reato nuovo e diverso da quello relativo all'imputazione originaria, sia per quanto attiene alla componente obiettiva, sia quanto all'elemento soggettivo. In riferimento specie a tale ultimo profilo (la colpa, quanto al reato L. n. 283 del 1962, ex art. 5), l'imputato non è stato posto in grado di espletare nella sua interezza il diritto di difesa. Invero, non essendogli stata contestata in modo univoco ed esplicito la condotta colposa che avrebbe determinato la sua responsabilità, non ha avuto la possibilità di dedurre prove e produrre documenti tali da essere, quantomeno potenzialmente, idonei a contrastare l'accusa.

Va annullata, pertanto, senza rinvio la sentenza al Tribunale con trasmissione degli atti al PM presso detto Tribunale per quanto di sua competenza.

Sez. 3, Sentenza n. 29613 del 2011, in C.E.D. Rv. 250625

www.ingramcontent.com/pod-product-compliance
Lightning Source LLC
Chambersburg PA
CBHW072214170526
45158CB00002BA/594